汽车单片机技术

主 编　侯志华　张　凡　彭　勇
副主编　汤浩源　邓果露　牛玲玲
参 编　刘　平　唐　伦　李霞辉　蔡　强

北京理工大学出版社
BEIJING INSTITUTE OF TECHNOLOGY PRESS

内 容 简 介

本书由高校骨干教师、项目研发人员和企业技术人员共同编写，是一本以单片机开发人员应具备的技能为主线，以各模拟电路控制系统为任务编写，并适合开放式教学改革的创新型教材。编者从职业技能要求出发，采用任务驱动编写方式，构建了温度计设计与制作、点阵显示器设计与制作、液晶显示器设计与制作、云台控制器设计与制作、汽车燃油表设计与制作、汽车电量表设计与制作、汽车里程表设计与制作、汽车倒车雷达设计与制作、汽车串口通信控制器设计与制作、万年历设计与制作、循迹小车设计与制作、无线小车设计与制作等15个学习任务，按照知识由简单到复杂、技能由单一到综合的原则设计，由仿真任务开始引导学生进行学习，逐步过渡到学习板任务，对学生进行综合技能训练。

本书具有很强的实用性、可操作性和趣味性。本书的内容安排科学、实用、合理，非常方便开展高效率教学，涵盖了单片机应用中的关键知识和核心技能。

本书为应用型本科和高职高专院校汽车类、电子信息类、通信类、自动化类、机电类、机械制造类等专业的单片机技术实践类课程的教材，也可作为开放大学、成人教育、自学考试、中职学校和培训班的教材，还可作为工程技术人员的参考书或社会培训机构培训教材。

图书在版编目（CIP）数据

汽车单片机技术 / 侯志华，张凡，彭勇主编 . ﹣﹣北京：北京理工大学出版社，2024.2

ISBN 978﹣7﹣5763﹣3617﹣7

Ⅰ. ①汽⋯ Ⅱ. ①侯⋯②张⋯③彭⋯ Ⅲ. ①汽车﹣单片微型计算机﹣高等学校﹣教材 Ⅳ. ①U463.6

中国国家版本馆 CIP 数据核字（2024）第 047546 号

责任编辑：钟 博　　文案编辑：钟 博
责任校对：周瑞红　　责任印制：李志强

出版发行 / 北京理工大学出版社有限责任公司

社　　址 / 北京市丰台区四合庄路 6 号

邮　　编 / 100070

电　　话 / （010）68914026（教材售后服务热线）
　　　　　（010）68944437（课件资源服务热线）

网　　址 / http：//www.bitpress.com.cn

版 印 次 / 2024 年 2 月第 1 版第 1 次印刷

印　　刷 / 涿州市新华印刷有限公司

开　　本 / 787 mm × 1092 mm　1/16

印　　张 / 11.75

彩　　插 / 1

字　　数 / 266 千字

定　　价 / 66.00 元

前　言

本书根据高职院校任务式课程教学改革精神，结合编者多年的企业设计与职业教育教学经验，从职业技能要求出发，采用任务驱动方式编写，构建了温度计设计与制作、点阵显示器设计与制作、液晶显示器设计与制作、云台控制器设计与制作、汽车燃油表设计与制作、汽车电量表设计与制作、汽车里程表设计与制作、汽车倒车雷达设计与制作、汽车串口通信控制器设计与制作、万年历设计与制作、循迹小车设计与制作、无线小车设计与制作等15个学习任务，每个任务按照知识由简单到复杂、技能由单一到综合的原则设计。

本书从内容与方法、教与学、做与练等方面，多角度、全方位地体现了高职教育的教学特色，本书的主要特点包括以下两个方面。

1. 以单片机开发人员技能要求为主线设计教学任务

本书采用项目化设计，以单片机开发人员技能要求为主线设计教学任务，从仿真任务到学习板任务，从基本技能培养到拓展技能培养，对课程内容进行巧妙设计。学习基础一般的学生仅需完成基本任务，学习基础较好的学生要求完成基本任务和拓展任务，对班级进行分层教学，能满足所有学生的学习需求。

2. 过程工单考核

本书将任务工单引入过程教学，引导学生对实战任务进行电路设计、程序设计、功能测试、总结评价等，适用于以教师为主导、以学生为主体的开放式教学形式，能够转变教师和学生的角色，促进师生互动、学生团队学习和经验分享，营造快乐的学习氛围，让学生既能设计程序，又能设计硬件电路。

本书由侯志华、张凡、彭勇任主编，汤浩源、邓果露、牛玲玲任副主编，刘平、唐伦、李霞辉、蔡强参与了编写。侯志华编写了任务5、任务6、任务7、任务8；张凡编写了任务3、任务4；彭勇编写了任务1、任务2；汤浩源编写了任务10；邓果露编写了任务11；牛玲玲编写了任务12；刘平编写了任务13；唐伦编写了任务14；李霞辉编写了任务15；蔡强编写了任务9。

本书在从策划选题、撰稿到出版的全过程都得到了李治国、聂进、周定武以及舒望等各位领导和老师的大力支持与帮助，他们提出了许多宝贵的意见和建议；同时，编者在编写本书的过程中参考了多位同行老师的著作及资料，在此一并表示衷心的感谢。为了方便教师教学，本书配有电子课件、硬件电路、软件程序、软件安装包、学习板原理图、PCB图等，请与出版社或作者联系以获得更多免费教学服务支持。由于时间紧迫和编者水平有限，书中难免有不妥之处，敬请广大读者和专家批评指正。

编　者

目　　录

任务 1 温度计设计与制作

 任务目标 >>>

知识目标	技能目标	素质目标
能描述 DS18B20 数字温度传感器的基本组成与应用	能进行温度计控制程序的编制、调试、拓展应用	1. 规范操作过程，符合 6S 管理要求； 2. 具备自主学习、团队协作、认真探究的态度

任务描述

利用 PROTUES 仿真软件进行电路设计，通过 KEIL 软件进行单片机程序设计，利用 DS18B20 数字温度传感器设计一个温度计，显示实时温度。

任务实施

1. 电路设计

温度计电路仿真示意如图 1-1 所示。

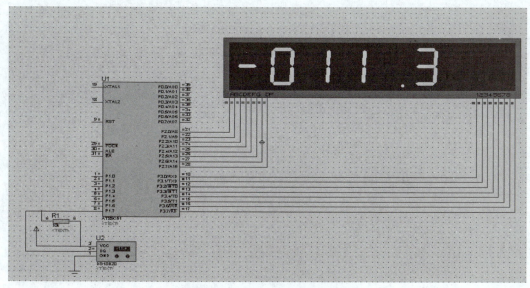

图 1-1 温度计电路仿真示意

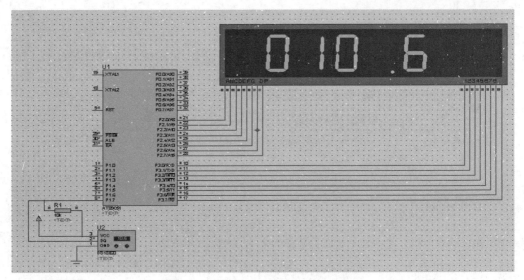

图 1 - 1　温度计电路仿真示意（续）

2. 源程序

源程序代码如下。

```
#include < reg52. h >
#include < intrins. h >
#define uchar unsigned char
#define uint unsigned int
unsigned int temp;        //温度变量
bit zhen_bit;             //正负温度标志
sbit DQ = P1^7;           //温度传感器
unsigned char table[] = {0xc0,0xf9,0xa4,0xb0,0x99,0x92,
0x82,0xf8,0x80,0x90,0xBF,0x7F};
void delay(unsigned int i)
{
unsigned int j,k;
    for(j = 0;j < i;j ++)
    for(k = 0;k < 120;k ++);
}
void delay_18B20(unsigned char t)//10μs 延时
{
  do{
      _nop_();
      _nop_();
      _nop_();
```

```c
        _nop_();
        _nop_();
        _nop_();
        _nop_();
        _nop_();
    } while( --t);
}
void Init_18B20(void)//////温度检测复位程序
{
unsigned char x=0;
DQ=1;          //DQ复位
delay_18B20(8);//稍做延时    80
DQ=0;          //单片机将DQ拉低
delay_18B20(50);//精确延时大于480μs
DQ=1;//拉高总线
delay_18B20(8);
x=DQ;    delay_18B20(20);//延时
}
unsigned char Read(void)/////18B20读指令
{
unsigned char i=0;
unsigned char dat=0;
for(i=8;i>0;i--)
{
    DQ=0;//给脉冲信号
    dat>>=1;
    DQ=1;//给脉冲信号
    if(DQ)
    dat|=0x80;
    delay_18B20(5);//延时
}
return(dat);
}
void Write(unsigned char dat)///18B20写指令
{
    unsigned char i=0;
    for(i=8;i>0;i--)
    {
```

```c
        DQ = 0;
        DQ = dat&0x01;
        delay_18B20(5);//延时
        DQ = 1;
        dat >>= 1;
        } }
unsigned int ReadTemp(void)//////读18B20温度数据/////////
{
unsigned char a = 0;
unsigned char b = 0;
unsigned int temp_value = 0;
Init_18B20();//复位
Write(0xCC);//跳过ROM指令
Write(0x44);//温度转换指令
delay_18B20(50);//延时
Init_18B20();//复位
Write(0xCC);//跳过ROM指令
Write(0xBE);//读取暂存寄存器
delay_18B20(50);//延时
a = Read();      //读取温度值低位
b = Read();      //读取温度值高位
temp_value = b<<8;//高位数据左移8位
temp_value |= a;//高低位数据合并
return temp_value;//返回温度数据
}
void temp_read_1()//////读温度程序///////////////
{
    float f_temp;
  temp = ReadTemp();//读温度数据
  if(temp <= 0x0800)////////正温度
  {
    f_temp = temp* 0.0625;//精度为12位,因此分辨率为0.0625
    temp = f_temp* 10;   //乘以10,将实际温度提高10倍
  zhen_bit = 1;//正温度标志位
    }
else   /////////////////负温度
{
    zhen_bit = 0;//负温度标志位
```

```
        temp = ~temp;temp + =1;
        temp* =5;temp/ =8;//处理负温度数据
    }
}
void display()//显示程序
{
P3 =0x01;
if(zhen_bit ==0)P2 =table[10];//负温度显示"-"
else            P2 =0xFF;//正温度不显示。
delay(2);//显示 时信号 十位
P3 =0x02;P2 =table[(temp%10000)/1000];delay(5);//显示 温度百位
P3 =0x04;P2 =table[(temp%1000)/100];delay(5);//显示 温度十位
P3 =0x08;P2 =table[(temp%100)/10];delay(5);//显示 温度个位
P3 =0x10;P2 =table[11];delay(5);//显示 小数点
P3 =0x20;P2 =table[temp%10];delay(5);//显示 温度小数位
}
void main()     //主程序
{
unsigned int i;
 while(1)
  {
  temp_read_1();//读温度值
    for(i =0;i <10;i ++)//降低温度刷新频率
  display();//调用显示程序
}
 }
```

3. 功能测试

（1）电路连接是否正确：　　　　　　　　是□　　否□
（2）数码显示是否正常：　　　　　　　　是□　　否□
（3）能否显示正温度值：　　　　　　　　是□　　否□
（4）温度值是否可调节：　　　　　　　　是□　　否□
（5）能否显示负温度值：　　　　　　　　是□　　否□

4. 画出程序流程图

知识链接

1. DS18B20 概述

DS18B20 数字温度传感器提供 9～17 bit 的摄氏温度测量精度，具有用户可编程的非易失性过温和低温触发报警功能。DS18B20 采用的 7－Wire 通信仅采用一个数据线（以及地）与微控制器进行通信。DS18B20 的温度检测范围为－55～＋125 ℃，并且在温度范围超过－10～85 ℃时还具有 ±0.5 ℃的精度。此外，DS18B20 可以直接由数据线供电而不需要外部电源供电。每片 DS18B20 都有一个独一无二的 64 位序列号，所以一个 7－Wire 总线上可连接多个 DS18B20。因此，在一个分布式的大环境中用一个微控制器控制多个 DS18B20 是非常简单的。这些特征使 DS18B20 在 HVAC 环境控制，建筑、设备及机械的温度监控系统，以及温度过程控制系统中具有很大的优势。

2. DS18B20 特性

（1）独特的 7－Wire 总线接口仅需要一个管脚来通信。

（2）每个设备的内部 ROM 上都烧写了一个独一无二的 64 位序列号。

（3）多路采集能力使分布式温度采集应用更加简单。

（4）无须外围元件。

（5）能够采用数据线供电，供电范围为 3.0～5.5 V。

（6）温度可测量范围为－55～＋125 ℃（－67～＋257 ℉）。

（7）温度范围超过－10～85 ℃时具有 ±0.5 ℃的精度。

（8）内部温度采集精度可以由用户自定义为 9～17 bit。

（9）温度转换时间在转换精度为 17 bit 时达到最大值 750 ms。

（10）用户可以自定义非易失性的温度报警设置。

（11）定义了温度报警搜索命令和当温度超过用户自定义的设定值时。

（12）可选择 8 – Pin SO（150 mil①）、8 – PinμSOP 及 7 – Pin TO – 92 封装。

（13）与 DS1822 程序兼容。

（14）应用于温度控制系统、工业系统、民用产品、温度传感器，或者任何温度检测系统中。

3. 引脚定义

DS18B20 有两种封装：三脚 TO – 92 直插式（用得最多、最普遍的封装）和八脚 SOIC 贴片式。DS18B20 引脚中 N. C. 引脚置空。VDD 引脚为电源脚。DQ 为数据输入/输出引脚。7 – Wire 漏极开路接口引脚。当采用"寄生电源"供电方式时，同时向设备提供电源。GND 引脚为电源地。

DS18B20 引脚示意如图 1 – 2 所示。

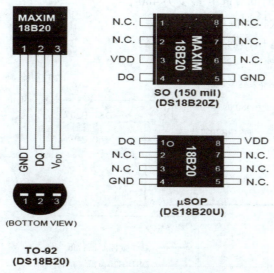

图 1 – 2　DS18B20 引脚示意

4. 单片机控制 DS18B20

DS18B20 采用严谨的 7 – Wire 总线通信协议来保证数据的完整性。该协议定义了多个信号形式：复位脉冲、存在脉冲、写 0、写 1、读 0、读 1。主设备执行存在脉冲外的所有其他信号。

1）初始化程序

与 DS18B20 相关的所有通信都是由初始化序列开始的，该序列由从主设备发出的复位脉冲和从 DS18B20 响应的存在脉冲组成。当 DS18B20 响应复位信号的存在脉冲后，则其向主设备表明其在该总线上，并且已经做好操作命令。

在初始化序列期间，总线上的主设备通过拉低 7 – Wire 总线超过 480 μs 来发送（TX）复位脉冲。之后主设备释放总线而进入接收模式（RX）。当总线释放后，5 kΩ 左右的上

---

① 　1 mil = 0. 025 4mm。

拉电阻将 7 - Wire 总线拉至高电平。当 DS18B20 检测到该上升沿信号后,其等待 15 ~ 60 μs 后通过将 7 - Wire 总线拉低 60 ~ 240 μs 来实现发送一个存在脉冲的目的。

单片机程序设计过程如下。

(1) 将数据线置高电平 1。

(2) 延时(该时间要求不是很严格,但是要尽可能短一点)。

(3) 将数据线拉到低电平 0。

(4) 延时 750 μs(该时间范围可以为 480 - 960 μs)。

(5) 将数据线拉到高电平 1。

(6) 延时等待,如果初始化成功则在 17 ~ 60 ms 内产生一个由 DS18B20 返回的低电平 0,根据该状态可以确定它的存在。但是应注意,不能无限地等待,不然会使程序进入死循环,因此要进行超时判断。

(7) 若 CPU 读到数据线上的低电平 0 后还要进行延时,则其延时时间从发出高电平算起[从第(5)步的时间算起]最少为 480 μs。

(8) 将数据线再次拉到高电平 1 后结束。

初始化时序图如图 1 - 3 所示。

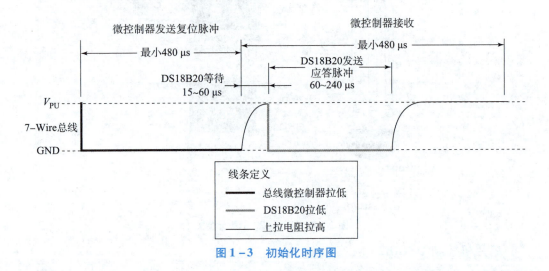

图 1 - 3　初始化时序图

单片机程序代码如下。

```
void Init_18B20(void)
{
unsigned char x = 0;
DQ = 1;              //DQ 复位
delay_18B20(8);//稍做延时    80
DQ = 0;              //单片机将 DQ 拉低
delay_18B20(50);//精确延时 大于 480μs
DQ = 1;//拉高总线
delay_18B20(8);
```

```
x = DQ;
delay_18B20(20);  //延时
}
```

2）写数据

主设备通过写数据向 DS18B20 中写入数据，通过读数据从 DS18B20 中读取数据。7 - Wire 总线上每个读写数据只能传送一个位的数据。

写数据有两种情况："写 1" 数据和"写 0" 数据。主设备通过"写 1" 数据向 DS18B20 中写入逻辑 1 以及通过"写 0" 数据向 DS18B20 中写入逻辑 0。每个写数据最短必须有 60 μs 的持续时间且独立的写数据间至少有 1 μs 的恢复时间。两个写数据都是由主设备通过 7 - Wire 总线进行的。

为了形成写 1 数据，在将 7 - Wire 总线拉低后，主设备必须在 15 μs 之内释放总线。当总线释放后，5 kΩ 的上拉电阻将总线拉高。为了形成写 0 数据，在将 7 - Wire 总线拉低后，在整个数据期间主设备必须一直拉低总线（至少 60 μs）。

在主设备初始化写数据后，DS18B20 将会在 15 ~ 60 μs 的时间窗口内对总线进行采样。如果总线在采样窗口期间是高电平，则逻辑 1 被写入 DS18B20；若总线在采样窗口期间是低电平，则逻辑 0 被写入 DS18B20。

读/写数据时序图如图 1 - 4 所示。

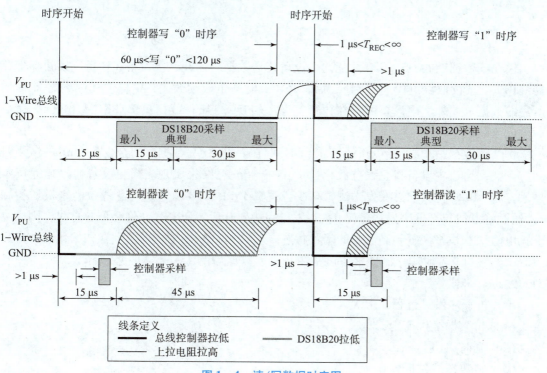

图 1 - 4　读/写数据时序图

单片机程序设计过程如下。

（1）数据线置低电平 0。

（2）延时确定的时间为 15 μs。

（3）按从低位到高位的顺序发送数据（若发送数据为 1，则数据线拉高置高电平；若发送数据为 0，数据线拉低置低电平。一次只发送一位）。

（4）延时时间为 45 μs。

（5）将数据线拉到高电平 1。

（6）重复步骤（3）~（5），直到发送完整个字节。

（7）最后将数据线拉高到 1。

单片机程序代码如下。

```
void Write(unsigned char dat)
{   unsigned char i = 0;
    for( i = 8;i > 0;i -- )
    {
    DQ = 0;
    DQ = dat&0x01;
    delay_18B20(5);//延时
    DQ = 1;
    dat >>= 1;
    }
}
```

3）读数据

仅在读数据期间 DS18B20 才能向主设备传送数据。因此，主设备在执行完读暂存寄存器［BEh］或读取供电模式［B4h］后，必须及时地生成读数据，这样 DS18B20 才能提供所需的数据。此外，主设备可以在执行完温度转换［44h］或拷贝 EEPROM［B8h］命令后生成读数据。

每个读数据最小必须有 60 μs 的持续时间且与独立的写数据之间至少有 1 μs 的恢复时间。读数据通过主设备将总线拉低超过 1 μs 再释放总线来实现。当主设备初始化完读数据后，DS18B20 将会向总线发送逻辑 0 或者逻辑 1。DS18B20 通过将总线拉高来发送逻辑 1，通过将总线拉至低来发送逻辑 0。当发送完逻辑 0 后，DS18B20 将会释放总线，则通过上拉电阻该总线将恢复到高电平的闲置状态。从 DS18B20 中输出的数据在初始化读时序后仅有 15 μs 的有效时间。因此，主设备在开始读数据后的 15 μs 之内必须释放总线，并且对总线进行采样。

单片机程序设计过程如下。

（1）将数据线拉高到 1。

（2）延时 2 μs。

（3）将数据线拉低到 0。

（4）延时 6 μs。

（5）将数据线拉高到 1。

（6）延时 4 μs。

（7）读数据线的状态得到一个状态位，并进行数据处理（若此时数据线为高，则读取数据为1，若此时数据线为低，则读取数据为0）。

（8）延时 30 μs。

（9）重复（1）~（7）步骤，直到读取完一个字节。

单片机程序代码如下。

```
unsigned char Read(void)
{
unsigned char i = 0;
unsigned char dat = 0;
for(i = 8;i > 0;i -- )
{
    DQ = 0;//给脉冲信号
    dat >>= 1;
    DQ = 1;//给脉冲信号
    if(DQ)
    dat |= 0x80;
    delay_18B20(5);//延时
}
return(dat);
}
```

DS18B20 温度读取操作指令如下。

```
unsigned int ReadTemp(void)
{
unsigned char a = 0;
unsigned char b = 0;
unsigned int temp_value = 0;
Init_18B20();//复位
Write(0xCC);//跳过 ROM 指令
Write(0x44);//温度转换指令
delay_18B20(50);//延时
Init_18B20();//复位
Write(0xCC);//跳过 ROM 指令
Write(0xBE);//读取暂存寄存器
delay_18B20(50);//延时
a = Read();     //读取温度值低位
b = Read();     //读取温度值高位
temp_value = b << 8;//高位数据左移 8 位
```

```
temp_value |= a;//高低位数据合并
return temp_value;//返回温度数据
}
```

5. ROM 命令

当总线上的主设备检测到存在脉冲后，就可以执行 ROM 命令。这些命令是对每个设备独一无二的 64 位 ROM 编码进行操作的，当总线上连接有多个设备时，可以通过这些命令识别各个设备。这些命令也可以使主设备确定该总线上有多少个什么类型的设备或者是否有温度报警信号的设备。总共包含 5 种 ROM 命令，每个 ROM 命令的长度都是 8 bit。主设备在执行 DS18B20 功能命令之前必须先执行一个适当的 ROM 命令。

1）搜索 ROM［F0h］

当系统上电初始化后，主设备必须识别该总线上所有从设备的 ROM 编码，这样就可以使主设备确定总线上从设备的类型及数量。主设备学习 ROM 编码是一个清除的过程，主设备要根据需要循环地发送搜索 ROM 命令（搜索 ROM 命令跟随着数据交换）来确定总线上的所有从设备。如果仅有一个从设备在该总线上，则更加简单的读取 ROM 命令可以代替搜索 ROM 命令。

2）读取 ROM［33h］

该命令在总线上仅有一个从设备时才能使用。该命令使总线上的主设备不需要搜索 ROM 命令过程就可以读取从设备的 64 位 ROM 编码。当总线上有超过一个从设备时，若再发送该命令，则所有从设备都回应时会引起数据冲突。

3）匹配 ROM［55h］

匹配 ROM 命令之后跟随发送 64 位的 ROM 编码，使总线上的主设备能够匹配特定的从设备。只有完全匹配该 64 位 ROM 编码的从设备才会响应总线上主设备发出的功能命令；总线上的其他从设备将等待下一个复位脉冲。

4）跳过 ROM［CCh］

主设备可以使用该命令同时向总线上的所有从设备发送不要发送任何 ROM 编码的命令。例如，主设备向总线上的所有 DS18B20 发送跳过 ROM 命令后再发送温度转换［44h］命令，则所有设备将同时执行温度转换操作。DS18B20 需要注意的是，当总线上仅有一个从设备时，读取暂存寄存器［BEh］命令后面可以跟随跳过 ROM 命令。在这种情况下，主设备可以读取从设备中的数据而不发送 64 位 ROM 编码。当总线上有多个从设备时，若在跳过 ROM 命令后再发送读取暂存寄存器命令，则所有从设备将同时开始传送数据而导致总线上的数据冲突。

5）警报搜索［ECh］

该命令的操作与跳过 ROM 命令基本相同，不同的是只有警报标志置位的从设备才会响应。该命令使主设备确定在最近一次温度转换期间是否有 DS18B20 出现温度报警。在所有报警搜索命令循环执行后，总线上的主设备必须回到事件序列中的第一步（初始化）。

6. DS18B20 功能命令

当总线上的主设备通过 ROM 命令确定了哪个 DS18B20 能够进行通信时，主设备可以向其中一个 DS18B20 发送功能命令。这些功能命令使主设备可以向 DS18B20 的暂存寄存器写入或者读出数据,初始化温度转换及定义供电模式。

1)温度转换 [44h]

该命令为初始化单次温度转换。温度转换完成后,温度转换的数据存储在暂存寄存器的 2 个字节长度的温度寄存器中,之后 DS18B20 恢复到低功耗的闲置状态。如果该设备采用外部供电模式,则主设备在温度转换命令之后可以读取数据时序,若 DS18B20 正在进行温度转换则响应 0 电平,温度转换完成后响应 1 电平。

2)写入暂存寄存器 [4Eh]

该命令使主设备向 DS18B20 的暂存寄存器写入 3 个字节的数据。第一个字节的数据写入 TH 寄存器(暂存寄存器的 Byte 2),第二个字节的数据写入 TL 寄存器(暂存寄存器的 Byte 3),第三个字节的数据写入配置寄存器(暂存寄存器的 Byte 4)。所有数据必须遵循低位先发的原则。所有 3 个字节的数据在写入之前主设备必须先对从设备复位,否则数据将损坏。

3)读取暂存寄存器 [BEh]

该命令使主设备可以读取暂存寄存器中存储的值。数据从 Byte 0 的低位开始传送直到第 9 个字节(Byte 8 – CRC)读取完毕。主设备若只需要暂存寄存器中的部分数据,则可以在读取数据的过程中通过复位来终止。

4)拷贝暂存寄存器 [48h]

该命令将暂存寄存器中的 TH、TL 及配置寄存器(Byte 2、Byte 3 和 Byte 4)的值拷贝至 EEPROM 中。

5)召回 EEPROM [B8h]

该命令将温度报警触发值(TH 和 TL)及配置寄存器的数据从 EEPROM 中召回至暂存寄存器中的 Byte 2、Byte 3 和 Byte4 中。主设备可以在召回 EEPROM 命令之后读取数据时序,若 DS18B20 正在进行召回 EEPROM 则会响应 0 电平,召回 EEPROM 完成则响应 1 电平。召回数据操作在上电初始化后会自动执行一次,因此设备在上电期间暂存寄存器中一直有有效的数据。

6)读取供电模式 [B4h]

主设备通过在执行该命令之后读取数据时序来确定总线上的 DS18B20 是否由"寄生电源"供电。在读取数据时序时,"寄生电源"供电的 DS18B20 将会拉低总线,外部电源独立供电模式的 DS18B20 则会释放总线以让其保持在高电平。

拓展任务

任务1		温度计设计与制作		学　时	2
姓　名		学　号		班　级		日　期	
团队成员					
任务要求	设计一个温度报警电路，当温度高于50 ℃时，灯长亮；当温度高于80 ℃时，灯1 s一闪；当温度高于100 ℃时，灯0.5 s一闪。利用PROTEUS软件完成设计				

一、电路设计

二、程序设计思路

任务 1		温度计设计与制作				学　时	2
姓　名		学　号		班　级		日　期	

三、功能测试

四、反思

任务 2 点阵显示器设计与制作

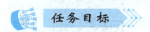
任务目标

知识目标	技能目标	素质目标
能描述 8×8 点阵显示器的基本组成与应用	能进行点阵显示器控制程序的编制、调试、拓展应用	1. 规范操作过程，符合 6S 管理要求； 2. 具备自主学习、团队协作、认真探究的态度

任务描述

利用 PROTUES 仿真软件进行电路设计，通过 KEIL 软件进行单片机程序设计，设计一个 8×8 点阵显示器，显示一个右上方向的箭头。

任务实施

1. 电路设计

点阵显示器电路仿真示意如图 2 – 1 所示。

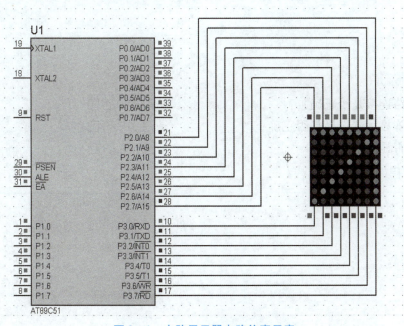

图 2 – 1 点阵显示器电路仿真示意

2. 源程序

源程序代码如下。

```
#include < reg51.h >
unsigned char dat1[8] = {0x00,0x3F,0x5F,0x6F,0x77,0x7B,0x7D,0x7E};
//箭头标志
void delay(unsigned int i)
{
unsigned int j,k;
    for(j = 0;j < i;j ++)
      for(k = 0;k < 120;k ++);
}
void main()                    //主函数
{
unsigned char i;
unsigned char ds;
while(1)
{
ds = 0x80;
for(i = 0;i < 8;i ++)
{P3 = ds;P2 = dat1[i];
delay(5);
ds = ds >>1;
}
}
}
```

拓展：点阵
显示器设计
与制作

3. 功能测试

（1）电路连接是否正确：   是☐   否☐

（2）点阵显示器选择是否正确：   是☐   否☐

（3）能否显示箭头：   是☐   否☐

4. 画出程序流程图

1. 8×8 单色 LED 点阵工作原理

8×8 单色 LED 点阵共由 64 个 LED 组成，且每个 LED 是放置在行线和列线的交叉点上，LED 的阳极接行线，阴接接列线，当某一行置 1 电平，某一列置 0 电平时，交叉点上的 LED 点亮，其他 LED 不亮。

2. 8×8 单色 LED 点阵的外观与引脚

8×8 单色 LED 点阵的外观与引脚如图 2−2 所示。

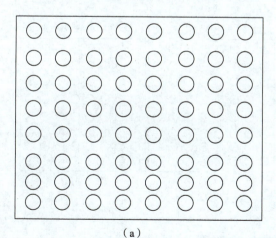

（a）

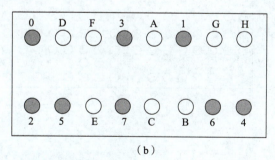

（b）

图 2−2 8×8 单色 LED 点阵的外观与引脚

（a）外观；（b）引脚

3. 8×8 单色 LED 点阵显示图形

显示图形效果如图 2−3 所示。

具体显示控制步骤如图 2−4 所示。

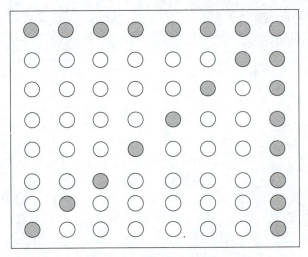

图 2 – 3 显示图形效果

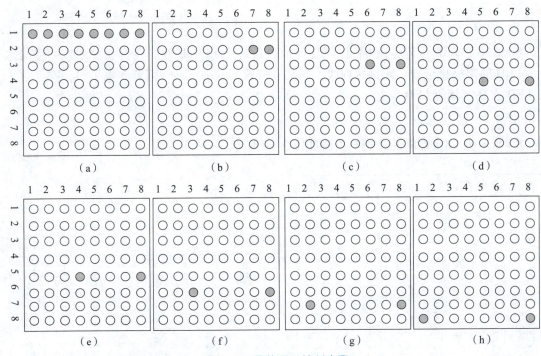

图 2 – 4 具体显示控制步骤

（a）第 1 行置高电平，全部列置低电平；（b）第 2 行置高电平，第 78 列置低电平；

（c）第 3 行置高电平，第 68 列置低电平；（d）第 4 行置高电平，第 58 列置低电平；

（e）第 5 行置高电平，第 48 列置低电平；（f）第 6 行置高电平，第 38 列置低电平；

（g）第 7 行置高电平，第 28 列置低电平；（h）第 8 行置高电平，第 18 列置低电平

4. 8×8 单色 LED 点阵显示程序设计

假设 x 为行数据，y 为列数据。

x = 0x01；y = 0x00；delay（10）；

x = 0x02；y = 0x3F；delay（10）；

x = 0x04；y = 0x5F；delay（10）；

x = 0x08；y = 0x6F；delay（10）；

x = 0x10；y = 0x77；delay（10）；

x = 0x20；y = 0x7B；delay（10）；

x = 0x40；y = 0x7D；delay（10）；

x = 0x80；y = 0x7E；delay（10）；

delay 延时时间约为 10 ms 左右，若延时太长则显示闪动，若延时过短则显示不足（高度不足）。

任务 2		点阵显示器设计与制作			学 时	2
姓 名		学 号		班 级	日 期	
团队成员						
任务要求	设计一个点阵显示电路，要求显示数字 0~9。利用 PROTEUS 软件完成设计					

一、电路设计

二、程序设计思路

任务 2			点阵显示器设计与制作			学　时	2
姓　名		学　号		班　级		日　期	

三、功能测试

四、反思

任务 3　液晶显示器设计与制作

任务目标

知识目标	技能目标	素质目标
能描述 LCD1602 的基本组成与应用	能进行液晶显示器控制程序的编制、调试、拓展应用	1. 规范操作过程，符合 6S 管理要求； 2. 具备自主学习、团队协作、认真探究的态度

任务描述 ✂

利用 PROTUES 仿真软件进行电路设计，通过 KEIL 软件进行单片机程序设计，利用 LCD1602 液晶显示器进行字符显示，第一行显示 "HNDQZY – QCXH – DPJ –"，第二行显示 "Ji_Shu：＊＊＊"，其中 "＊＊＊" 为 0 ～ 999 计数，间隔 100 ms，自动计数，液晶屏选择 LM016L。

任务实施 📖

1. 电路设计

液晶显示器电路仿真示意如图 3 – 1 所示。

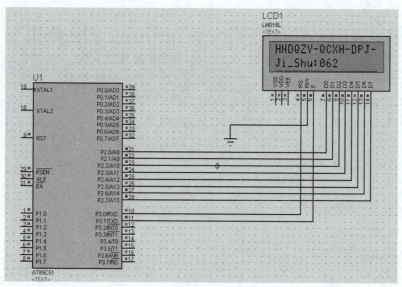

图 3 – 1　液晶显示器电路仿真示意

2. 源程序

源程序代码如下。

```c
#include <reg51.h>
sbit lcden = P3^1;                              //LCD1602使能端
sbit lcdrs = P3^0;                              //LCD1602寄存器选择
unsigned int   J_C;
unsigned char table1[16] = "HNDQZY-QCXH-DPJ-";  //第一行显示数组
unsigned char table2[16] = "Ji_Shu:        ";   //第二行显示数组
void delay(unsigned int x)//延时程序
{
unsigned int i,j;
    for(i = x;i > 0;i--)
    {for(j = 240;j > 0;j--);
}
}
void lcd_write_com(unsigned char com)
{
    lcdrs = 0;                                  //指令
    P2 = com;                                   //转换成并口数据
    lcden = 1;                                  //LCD1602使能置高
    delay(1);                                   //适当延时
    lcden = 0;                                  //LCD1602使能拉低,实现下降沿跳变
}
void lcd_write_data(unsigned char dat)
{
    lcdrs = 1;                                  //数据
    P2 = dat;                                   //转换成并口数据
    lcden = 1;                                  //LCD1602使能置高
    delay(1);                                   //适当延时
    lcden = 0;                                  //LCD1602使能拉低,实现下降沿跳变
}
void display()
{
    unsigned char num;
    lcd_write_com(0x80);                        //第一行显示指令
    for(num = 0;num < 16;num++)
    {lcd_write_data(table1[num]);               //第一行显示16个字符
```

拓展：液晶
显示器
设计与制作

```
    delay(1);
        }
    lcd_write_com(0x80 +0x40);              //第二行显示指令
    for(num =0;num <16;num ++)
{
    lcd_write_data(table2[num]);            //第二行显示16个字符
    delay(1);
        }
}
void init()
{
    lcd_write_com(0x38);delay(10);          //显示模式设置
    lcd_write_com(0x08);delay(10);          //显示关闭
    lcd_write_com(0x01);delay(10);          //显示清屏
    lcd_write_com(0x06);delay(10);          //显示光标移动设置
    lcd_write_com(0x0C);delay(10);          //显示开/关及光标设置
}
void main()
{
init();                                     //LCD1602 初始化
while(1)
{
display();                                  //显示
if(J_C <998)J_C ++;
else J_C =0;
table2[7] =J_C/100 +0x30;                   //显示百位字符
table2[8] =(J_C%100)/10 +0x30;              //显示十位字符
table2[9] =J_C%10 +0x30;                    //显示个位字符
delay(100);
}
}
```

3. 功能测试

(1) 电路连接是否正确: 是☐   否☐
(2) LCD1602 选择是否正确: 是☐   否☐
(3) LCD1602 显示是否正确: 是☐   否☐

4. 画出程序流程图

1. 初识 LCD1602 液晶显示器

在 LCD1602 中，LCD 表示 Liquid Crystal Display，1602 表示一行可以显示 16 个字符，一共有 2 行。LCD1602 的主要作用如下。

（1）要让内容在哪里显示（显示位置）；

（2）要显示什么内容（显示内容）。

很明显，这两点都来自单片机的控制，单片机让它显示什么它就显示什么，单片机让它在哪里显示它就在哪里显示。例如，单片机告诉 LCD1602：请在第 1 行的第 4 个位置显示字符"A"。

在正常显示之前单片机需要与 LCD1602 建立联系。这类似打电话，先要发出一个信号，打个招呼，确定对方能收到信号后才开始谈论主题。对于单片机与 LCD1602 的正常通信，同样需要先"打个招呼"，这称为"初始化"。

LCD1602 引脚如图 3-2 所示。

第 1 引脚：GND 为电源地。

第 2 引脚：VCC 接 5 V 电源正极。

第 3 引脚：VL 为液晶显示器对比度调整端，接正电源时对比度最低，接地时对比度最高（对比度过高会产生"鬼影"，使用时可以通过一个 10 kΩ 的电位器调整对比度）。

第 4 引脚：RS 为寄存器选择端，在高电平（1）时选择数据寄存器，在低电平（0）时选择指令寄存器。

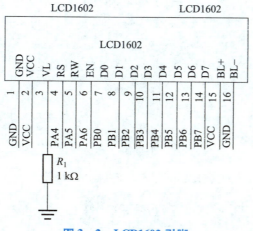

图 3－2　LCD1602 引脚

第 5 引脚：RW 为读写信号端，在高电平（1）时进行读操作，在低电平（0）时进行写操作。

第 6 引脚：E（或 EN）端为使能（enable）端，在高电平（1）时读取信息，在负跳变时执行指令。

第 7~14 引脚：D0~D7 为 8 位双向数据端。

第 15 引脚：背光正极。

第 16 引脚：背光负极。

LCD1602 基本操作思路如下。

第一步：初始化（单片机先与 LCD1602 "打个招呼"）；

第二步：确定显示位置（单片机告诉 LCD1602 在哪里显示）；

第三步：确定显示内容（单片机告诉 LCD1602 显示什么内容）。

2. LCD1602 的基本操作

（1）LCD1602 初始化，代码如下。

```
void init()
{
    lcd_write_com(0x38);delay(10);    //显示模式设置
    lcd_write_com(0x08);delay(10);    //显示关闭
    lcd_write_com(0x01);delay(10);    //显示清屏
    lcd_write_com(0x06);delay(10);    //显示光标移动设置
    lcd_write_com(0x0C);delay(10);    //显示开/关及光标设置
}
```

（2）读状态：输入 RS＝0，RW＝1，E＝高脉冲。输出：D0~D7 为状态字。

（3）读数据：输入 RS＝1，RW＝1，E＝高脉冲。输出：D0~D7 为数据。

（4）写命令：输入 RS＝0，RW＝0，E＝低脉冲。输出：无（写完置 E＝高脉冲）。代码如下。

```
void lcd_write_com(unsigned char com)
{
    lcdrs = 0;                //指令
    P2 = com;                 //转换成并口数据
    lcden = 1;                //LCD1602 使能置高
    delay(1);                 //适当延时
    lcden = 0;                //LCD1602 使能拉低,实现下降沿跳变
}
```

（5）写数据：输入 RS = 1，RW = 0，E = 低脉冲。输出：无。代码如下。

```
void lcd_write_data(unsigned char dat)
{
    lcdrs = 1;                //数据
    P2 = dat;                 //转换成并口数据
    lcden = 1;                //LCD1602 使能置高
    delay(1);                 //适当延时
    lcden = 0;                //LCD1602 使能拉低,实现下降沿跳变
}
```

3. LCD1602 指令说明

LCD1602 的读写操作、屏幕和光标操作都是通过指令编程实现的。LCD1602 内部的控制器共有 11 条控制指令，如表 3 - 1 所示。

表 3 - 1　LCD1602 内部的控制指令

序号	指令	RS	R/W	D7	D6	D5	D4	D3	D2	D1	D0
1	清显示	0	0	0	0	0	0	0	0	0	1
2	光标复位	0	0	0	0	0	0	0	0	1	*
3	光标和显示模式设置	0	0	0	0	0	0	0	1	I/D	S
4	显示开/关控制	0	0	0	0	0	0	1	D	C	B
5	光标或字符移位	0	0	0	0	0	1	S/C	R/L	*	*
6	功能设置	0	0	0	0	0	1	DL	F	*	*
7	字符发生存储器地址设置	0	0	0	1	字符发生存储器地址					
8	数据存储器地址设置	0	0	1	显示数据存储器地址						
9	读忙信号和光标地址	0	1	BF	计数器地址						
10	写数到（CGRAM 或 DDRAM）	1	0	要写的数据内容							
11	从 CGRAM 或 DDRAM 读数	1	1	读出的数据内容							

指令 1：清显示，指令码为 01H，光标复位到地址 00H 位置。

指令 2：光标复位，光标返回到地址 00H。

指令 3：光标和显示模式设置。I/D——光标移动方向，高电平右移，低电平左移；S——屏幕上所有文字是否左移或者右移，高电平表示有效，低电平则无效。

指令 4：显示开/关控制。D——控制整体显示的开与关，高电平表示开显示，低电平表示关显示；C——控制光标的开与关，高电平表示有光标，低电平表示无光标；B——控制光标是否闪烁，高电平闪烁，低电平不闪烁。

指令 5：光标或字符移位。S/C——高电平时移动显示的文字，低电平时移动光标。

指令 6：功能设置。DL——高电平时为 4 位总线，低电平时为 8 位总线；N——低电平时为单行显示，高电平时为双行显示；F——低电平时显示 5×7 的点阵字符，高电平时显示 5×10 的点阵字符。

指令 7：字符发生存储器地址设置（RAM）。

指令 8：数据存储器地址设置（DDRAM）。

指令 9：读忙信号和光标地址。BF——忙标志位，高电平表示忙，此时模块不能接收命令或者数据，如果为低电平表示不忙。

指令 10：写数据。

指令 11：读数据。

4. LCD1602RAM 地址映射

LCD1602 是一个慢显示器件，因此在执行每条指令之前一定要确认忙标志为低电平（表示不忙），否则此指令失效。显示字符时要先输入显示字符地址，也就是告诉 LCD1602 在哪里显示字符。图 3-3 所示是 LCD1602 的内部显示地址。

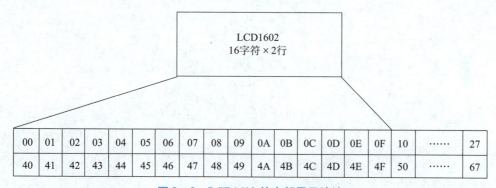

图 3-3 LCD1602 的内部显示地址

第一行第一个字符的地址是 00H，那么是否将数据直接写入 00H 就可以将光标定位在第一行第一个字符的位置呢？这样不行，因为写入显示地址时要求最高位 D7 恒定为高电平 1，所以实际写入的数据应该是 00H + 80H = 80H。第二行第一个字符的地址是 40H，那么实际写入的数据应该是 40H + 80H = C0H。

拓展任务

任务3		液晶显示器设计与制作			学　时	2
姓　名		学　号		班　级	日　期	
团队成员						
任务要求		利用 LCD602 设计一个数字时钟，显示时、分、秒、年、月、日等信息。利用 PRO-TEUS 软件完成设计				

一、电路设计

二、程序设计思路

任务 3		液晶显示器设计与制作			学　时	2
姓　名		学　号		班　级	日　期	

三、功能测试

四、反思

任务 4 云台控制器设计与制作

任务目标

知识目标	技能目标	素质目标
能描述舵机的基本组成与应用	能进行云台控制器程序的编制、调试、拓展应用	1. 规范操作过程，符合 6S 管理要求； 2. 具备自主学习、团队协作、认真探究的态度

任务描述

通过单片机控制，在相应的按钮被按下时，舵机（Servo）转到相应的角度，以此模拟汽车的各种转角控制。设计要求：S1 被按下时，L1 灯亮，舵机转到 0° 位置；S2 被按下时，L2 灯亮，舵机转到 90° 位置；S3 被按下时，L3 灯亮，舵机转到 180° 位置；S4 被按下时，L4 灯亮，舵机转角在 0 ~ 180° 范围内调节。

任务实施

1. 电路设计

学习板 TT4 云台控制电路 IO 分配如图 4 – 1 所示。

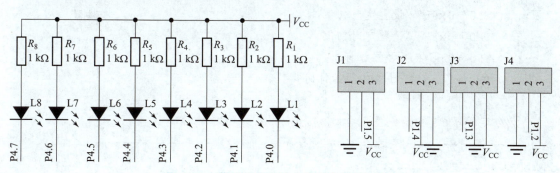

图 4 – 1 学习板 TT4 云台控制电路 IO 分配

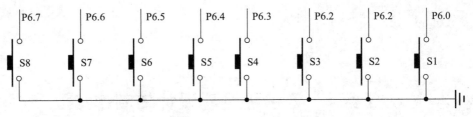

図4-1 学习板 TT4 云台控制电路 IO 分配图（续）

2. 源程序

源程序代码如下。

```
#include "STC15F2K60S2.h"//包含头文件 STC15F2K60S2.h
sbit LED1 = P4^0;          //定义输出 LED 灯端口号为 P4.0
sbit LED2 = P4^1;          //定义输出 LED 灯端口号为 P4.1
sbit LED3 = P4^2;          //定义输出 LED 灯端口号为 P4.2
sbit LED4 = P4^3;          //定义输出 LED 灯端口号为 P4.3
sbit KEY1 = P6^0;          //定义按键 1 输入端口号为 P6.0
sbit KEY2 = P6^1;          //定义按键 1 输入端口号为 P6.1
sbit KEY3 = P6^2;          //定义按键 1 输入端口号为 P6.2
sbit KEY4 = P6^3;          //定义按键 1 输入端口号为 P6.3
sbit PWM_OUT = P1^4;       //定义舵机输出端口号为 P1.4
unsigned int cont;         //定义 7～200 计数器 产生周期为 20ms 的波形
unsigned int PWM_CONT;     //PWM 中间变量在 1～2ms 范围内调整
////// 定时器 T0 初始化程序 ////////////////////////
void Timer0Init(void)//100ms@ 22.1184MHz
{
    AUXR & = 0x7F;//定时器时钟 12T 模式
    TMOD & = 0xF0;//设置定时器模式
    TL0 = 0x48;//设置定时初值
    TH0 = 0xFF;//设置定时初值
    TF0 = 0;   //清除 TF0 标志
    TR0 = 1;   //定时器 0 开始计时
}
////// 定时器 T0 初始化程序结束////////////////////////
// ------------ 定时器 T0 中断程序 --------------------
void time0()interrupt 1
{
    TL0 = 0x48;//设置定时初值
    TH0 = 0xFF;//设置定时初值
```

拓展：云台
控制器
设计与制作

```
    if(cont >=200)//0 ~100 计数器,计数值大于 100 时计数器清零,PWM 输出
低电平

       {cont =0;PWM_OUT =0;}
    else cont ++;      //计数值小于 100 时,计数器进行自加 1 操作
    if(cont < PWM_CONT)PWM_OUT =1;//计数值大于 PWM 变量值时,输出高电平
    else PWM_OUT =0;
}
// ----------- 定时器 T0 中断程序结束 -----------------
void main()                       //主函数
{
P4M0 =0x00;                       //设置 P4 端口为准双向 IO(传统 51 模式)
P4M1 =0x00;                       //设置 P4 端口为准双向 IO(传统 51 模式)
Timer0 Init();                    //调用 T0 初始化程序
ET0 =1;                           //允许 T0 中断
EA =1;                            //开放所有中断
PWM_CONT =10;                     //舵机 0 度位置
while(1)                          //while 循环指令
    {
  if(KEY1 ==0)                    //判断 S1 是否被按下
    {
    LED1 =0;LED2 =1;LED3 =1;LED4 =1;//L2 灯点亮
    PWM_CONT =10;                 //舵机 0 度位置
    }
    else if(KEY2 ==0)             //判断 S2 是否被按下
    {
    LED1 =1;LED2 =0;LED3 =1;LED4 =1;  //L3 灯点亮
    PWM_CONT =15;                 //舵机 90 度位置
    }
    else if(KEY3 ==0)             //判断 S3 是否被按下
    {
    LED1 =1;LED2 =1;LED3 =0;LED4 =1;  //L4 灯点亮
    PWM_CONT =20;                 //舵机 180 度位置
    }
    else if(KEY4 ==0)             //判断 S4 是否被按下
    {
    LED1 =1;LED2 =1;LED3 =1;LED4 =0;  //所有灯熄灭
    while(KEY4 ==0);
    PWM_CONT ++;
```

```
        if(PWM_CONT >=21)PWM_CONT =10;//舵机在 0 ~180 度范围内转动
        }
      }
  }
```

3. 功能测试

（1）电路连接是否正确：　　　　　　　　　　　　　是□　　否□

（2）程序下载器连接是否正常：　　　　　　　　　　是□　　否□

（3）下载程序到目标板是否完成：　　　　　　　　　是□　　否□

（4）按下 S1，是否舵机转到 0°，L1 灯亮：　　　　　是□　　否□

（5）按下 S2，是否舵机转到 90°，L2 灯亮：　　　　是□　　否□

（6）按下 S3，是否舵机转到 180°，L3 灯亮：　　　是□　　否□

（7）按下 S4，是否舵机在 0°~180°范围内转动，L4 灯亮：是□　　否□

4. 画出程序流程图

知识链接

1. 舵机简介

舵机是由直流电动机、减速齿轮组、传感器和控制电路组成的一套自动控制系统。它通过发送信号，指定输出轴旋转角度。舵机一般而言都有最大旋转角度（比如 180°）。舵机与普通直流电动机的区别主要在于：直流电动机是一圈圈转动的，舵机只能在一定角度范围内转动，不能一圈圈转动（数字舵机可以在舵机模式和电动机模式间切换，没有这个问题）。普通直流电动机无法反馈转动的角度信息，而舵机可以。二者的用途也不同，普通直流电动机一般用于整圈转动以提供动力，舵机用于控制某物体转动一定角度（比如机器人的关节）。

2. MG995 简介

MG995 的优点是价格低，采用金属齿轮，耐用性也不错。其缺点是扭力比较小，因此负载不能太大，如果用于双足机器人之类的产品，这款舵机不是很合适，因为腿部受力太大，但用于普通的六足机器人或者机械手还是很合适的。MG995 实物如图 4-2 所示。

图 4-2 MG995 实物

3. 舵机的组成

普通模拟舵机的组成如图 4-3 所示，主要包括变速齿轮组、小型直流电动机、电位器、电动机控制板等几部分。

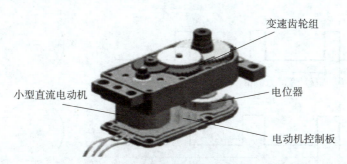

图 4-3 普通模拟舵机的组成

电机控制板主要用来驱动电动机和接受电位器反馈的信息。电位器的作用主要是通过其旋转后产生的电阻的变化，把信号发送回电动机控制板，使其判断输出轴角度是否正确。变速齿轮组的作用主要是放大力量，使小功率电动机产生大扭矩。

4. 舵机的控制方法

舵机的伺服系统由可变宽度的脉冲进行控制，控制线用于传送脉冲。脉冲的参数有最小值、最大值和频率。一般而言，舵机的基准信号都是周期为 20 ms，宽度为 1.5 ms。这个基准信号定义的位置为中间位置。舵机有最大转动角度，中间位置的定义就是从这个位置到最大角度与最小角度的量完全一样。最重要的一点是，不同舵机的最大转动角度可能不同，但是其中间位置的脉冲宽度是一定的，那就是 1.5 ms。舵机控制波形如图 4-4 所示。

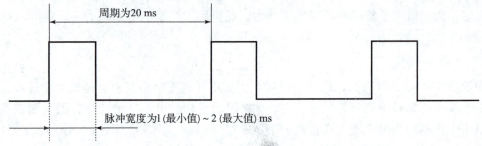

图 4 – 4　舵机控制波形

周期为20 ms

脉冲宽度为1(最小值)～2(最大值) ms

角度由来自控制线的持续脉冲产生。这种控制方法叫作脉冲调制。脉冲的长短决定舵机转动的角度。例如：在脉冲宽度为 1.5 ms 时，舵机会转动到中间位置（对于180°舵机来说就是90°位置）。控制系统发出指令，让舵机转动到某一位置，并保持这个角度，这时外力的影响不会使角度发生变化，但是这个角度是有上限的，上限就是最大扭力。除非控制系统不停地发出脉冲来稳定舵机的角度，否则舵机的角度不会一直不变。

当舵机接收到一个宽度小于 1.5 ms 的脉冲时，输出轴会以中间位置为标准，逆时针旋转一定角度。舵机接收到的脉冲宽度大于 1.5 ms 时情况相反。不同品牌，甚至同一品牌的不同舵机，都会有不同的脉冲宽度最大值和最小值。一般而言，脉冲宽度最小值为1 ms，脉冲宽度最大值为 2 ms。PWM 波形与舵机转动角度的关系如图4－5所示。

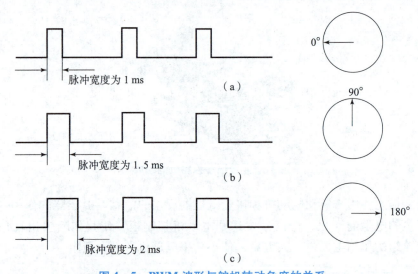

脉冲宽度为 1 ms　（a）

脉冲宽度为 1.5 ms　（b）

脉冲宽度为 2 ms　（c）

0°

90°

180°

图 4 – 5　PWM 波形与舵机转动角度的关系
(a) 最小脉冲宽度；(b) 中间位置；(c) 最大脉冲宽度

5. 舵机的引线

舵机一般为三线控制，红色为电源线，棕色为地线，黄色为信号线。控制舵机时，需要不断地给 PWM 波才能使舵机在某个角度有扭矩。

6. 程序编程思路

单片机定时器 0 产生 100 μs 定时中断，设一个 200 的计数器，产生一个周期为 20 ms 的波形，在 0～200 计数过程中加入 10%～20% 的占空比控制器，当计数值小于占空比控制器数值时 PWM 输出高电平，在其他情况下 PWM 输出低电平，由此可产生一个占空比为 10%～20%、周期为 20 ms 的周期波形，即可实现舵机的 0°～180°调节。

任务4		云台控制器设计与制作		学　时	4
姓　名		学　号		班　级	
团队成员					
任务要求	设计一个舵机往返控制系统，要求按下 S1 舵机在 0°～180°范围内自动转动，当舵机转到 180°时短时停留，再在 180°～0°范围内自动转动，当舵机转到 0°时短时停留，依此往返运动，在任意时刻按下 S2，舵机快速回到 0°位置。注意按下 S1 后舵机的工作与 S1 是否被松开无关。利用学习板完成设计				

一、电路设计

二、程序设计思路

任务 4		云台控制器设计与制作			学　时	4
姓　名		学　号		班　级	日　期	

三、功能测试

四、反思

任务 5   汽车燃油表设计与制作

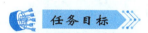
任务目标 ≫≫

知识目标	技能目标	素质目标
能描述单片机 A/D 转换器的基本组成与应用	能进行汽车燃油表控制程序的编制、调试、拓展应用	1. 规范操作过程，符合 6S 管理要求； 2. 具备自主学习、团队协作、认真探究的态度

任务描述 ✂

通过单片机控制，转动连接在单片机引脚上的电位器，实现模拟电压信号的读取，在 LED 数码管上显示模拟信号所转换成的数字信号，以此模拟汽车燃油表显示。设计要求：转动 P1.5 端口上的电位器，LED 数码管显示 A/D 转换数据。

任务实施

1. 电路设计

学习板 TT4 汽车燃油表控制电路 IO 分配如图 5 – 1 所示。

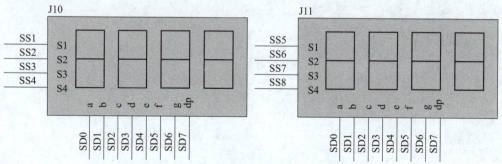

图 5 – 1   学习板 TT4 汽车燃油表控制电路 IO 分配

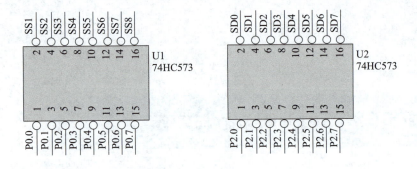

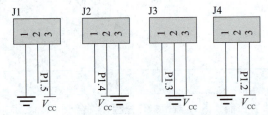

拓展：汽车
燃油表
设计与制作

图 5-1 学习板 TT4 汽车燃油表控制电路 IO 分配（续）

2. 源程序

源程序代码如下。

```c
#include "STC15F2K60S2.h"
unsigned char table[] =
{0xc0,0xf9,0xa4,0xb0,0x99,0x92,0x82,0xf8,0x80,0x90};
unsigned int   AD_D;              //取 A/D 数据值
unsigned char ad_p[4];      //A/D 数据值取出千、百、十、个位后的存放位置
void InitADC();                            //内部 A/D 转换初始化
程序
unsigned char GetADCResult(unsigned char ch);//取内部 10 位 A/D 数据值
unsigned int   get_adc(unsigned char ch);      //读第几通道 A/D 数据值
void delay(unsigned int i)/////1ms 延时函数//////////////
{
unsigned int j,k,z;
for(j=0;j<i;j++)
 for(z=0;z<8;z++)
    for(k=0;k<250;k++);
}
void display()
{
unsigned char i,ds;
ds=0x01;
for(i=0;i<4;i++)
{
```

46 ■ 汽车单片机技术

```
P2 = table[ad_p[i]];P0 = ds;            //发送数字"i"段码到数码管显示
delay(2);
P0 = 0x00;P2 = 0xFF;delay(2);           //关闭显示器,消除"鬼影"
ds = ds <<1;
}
}
void main()                             //主程序
{
unsigned char i;
P0M0 = 0x00;                            //设置 P0 端口为准双向 IO(传统 51 模式)
P0M1 = 0x00;                            //设置 P0 端口为准双向 IO(传统 51 模式)
P2M0 = 0x00;                            //设置 P2 端口为准双向 IO(传统 51 模式)
P2M1 = 0x00;                            //设置 P2 端口为准双向 IO(传统 51 模式)
InitADC();
P5 = 0x00;
while(1)
{
AD_D = get_adc(5);                      //取第 5 通道(P1.5)A/D 转换数据值
ad_p[3] = (AD_D%10000)/1000;            //取 A/D 数据值的千位
ad_p[2] = (AD_D%1000)/100;              //取 A/D 数据值的百位
ad_p[1] = (AD_D%100)/10;                //取 A/D 数据值的十位
ad_p[0] = AD_D%10;                      //取 A/D 数据值的个位
for(i = 0;i <100;i ++)                  //降低 A/D 数据值读取频率
display();                              //在数码管上显示数据
}
}
///////////// A/D 转换部分 ///////////// 读第几通道 A/D 数据值
unsigned int get_adc(unsigned char ch)
{
unsigned int  adc_r;
adc_r = GetADCResult(ch)* 4 +ADC_RESL;  //将 A/D 转换结果高、低位数据值
组合
return(adc_r);                          //返回 A/D 转换结果
}
unsigned char GetADCResult(unsigned char ch)//取内部 10 位 A/D 数据值
{   ADC_CONTR = 0x88 |ch;               //打开电源开关,转换速度为 540 个时
                                        //钟周期,通道为 CH,启动转换
    while(! (ADC_CONTR & 0x10));        //等待 A/D 转换结束
```

```
        ADC_CONTR & = ~0x10;              //关闭 A/D 转换,将转换结束标志清零
        return ADC_RES;                   //返回 A/D 转换结果高位寄存器数据
    }
    void InitADC()                        //内部 A/D 转换初始化程序
    {
        P1ASF = 0x07;                     //设置 P1 口的相应引脚为模拟输入(A/D 转换功能)
        ADC_RES = 0;                      //将 A/D 转换结果高位寄存器清零
        ADC_CONTR = 0x80;                 //打开 A/D 转换器电源开关
        delay(100);                       //A/D 转换器延时
    }
```

3. 功能测试

(1) 电路连接是否正确：　　　　　　　　　　是□　　　否□
(2) 程序下载器连接是否正常：　　　　　　　是□　　　否□
(3) 下载程序到目标板是否完成：　　　　　　是□　　　否□
(4) 调节电位器，显示数值是否变化：　　　　是□　　　否□

4. 画出程序流程图

知识链接

1. STC15W4K32S4 单片机内部 A/D 转换器简介

STC15W4K32S4 单片机内部集成了 8 路 10 位高速 A/D 转换器，A/D 转换器的结构如图 5 - 2 所示。

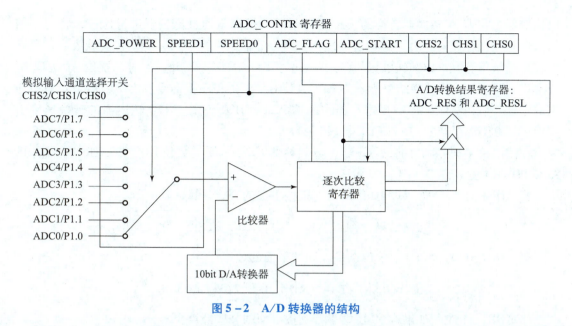

图 5 - 2 A/D 转换器的结构

当 CLK_DIV. 5 （PCON2. 5）/ADRJ = 0 时，A/D 转换结果寄存器的格式如图 5 - 3 所示。

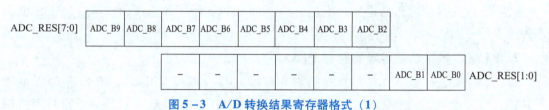

图 5 - 3 A/D 转换结果寄存器格式 （1）

当 CLK_DIV. 5 （PCON2. 5）/ADRJ = 1 时，A/D 转换结果寄存器的格式如图 5 - 4 所示。

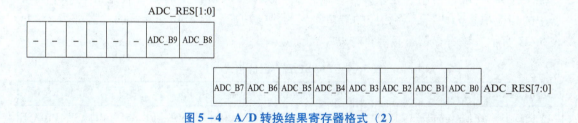

图 5 - 4 A/D 转换结果寄存器格式 （2）

STC15W4K32S4 单片机 A/D 转换器由多路选择开关、比较器、逐次比较寄存器、10 bit D/A 转换器、A/D 转换结果寄存器 （ADC_RES 和 ADC_RESL） 以及 ADC_CONTR 寄存器构成。STC15W4K32S4 单片机的 A/D 转换器是逐次比较型 A/D 转换器。逐次比较型 A/D 转换器由一个比较器和 D/A 转换器构成，通过逐次比较逻辑，从最高位 （MSB） 开始，顺序地对每一输入电压与内置 D/A 转换器的输出进行比较，经过多次比较，使转换所得的数字量逐次逼近输入模拟量对应值。逐次比较型 A/D 转换器具有速度高、功耗低等优点。

从图 5 - 2 可以看出，通过模拟输入通道选择开关，将通过 ADC0 ~ 7 的模拟量输入送给比较器。将 D/A 转换器转换的模拟量与输入的模拟量通过比较器进行比较，将比较结果保存到逐次比较寄存器，并通过逐次比较寄存器输出转换结果。A/D 转换结束后，最终的转换结果保存到 ADC 转换结果寄存器 ADC_RES 和 ADC_RESL，同时，置位 ADC_CONTR 寄存器中的 A/D 转换结束标志位 ADC_FLAG，以供程序查询或发出中断申请。模拟通道的选择控制由 ADC_CONTR 寄存器中的 CHS2 ~ CHS0 确定。A/D 转换器的转换速度由 ADC_CONTR 寄存器中的 SPEED1 和 SPEED0 确定。

在使用 A/D 转换器之前，应先给 A/D 转换器上电，也就是置位 ADC_CONTR 寄存器中的 ADC_POWER 位。

当 ADRJ = 0 时，如果取 10 位结果，则按下面的公式计算：

$$10\ \text{位 A/D 转换结果}:(ADC\_RES[7:0],ADC\_RESL[1:0]) = 204 \times \frac{V_{\text{in}}}{V_{\text{cc}}}$$

当 ADRJ = 0 时，如果取 8 位结果，则按下面的公式计算：

$$8\ \text{位 A/D 转换结果}:(ADC\_RES[7:0]) = 256 \times \frac{V_{\text{in}}}{V_{\text{cc}}}$$

当 ADRJ = 1 时，如果取 10 位结果，则按下面的公式计算：

$$10\ \text{位 A/D 转换结果}:(ADC\_RES[1:0],ADC\_RESL[7:0]) = 1\ 024 \times \frac{V_{\text{in}}}{V_{\text{cc}}}$$

式中，V_{in} 为模拟输入通道输入电压，V_{cc} 为单片机实际工作电压，以单片机工作电压作为模拟参考电压。

2. P1 端口模拟功能控制寄存器 P1ASF

STC15W4K32S4 单片机的 A/D 转换端口为 P1 端口（P1.7 ~ P1.0），有 8 路 10 位高速 A/D 换器，速度可达到 300 kHz（30 万次/s）。8 路电压输入型 A/D 转换器可进行温度检测、电池电压检测、按键扫描、频谱检测等。上电复位后 P1 端口为弱上拉型 IO 端口，用户可以通过软件设置将 8 路中的任何一路设置为 A/D 转换，无须用于 A/D 转换的 P1 端口可继续作为 IO 端口使用（建议只作为输入）。需用于 A/D 转换的端口需先将 P1ASF 寄存器中的相应位置为 "1"，将相应的端口设置为模拟功能。P1ASF 寄存器的格式如表 5 - 1、表 5 - 2 所示。该寄存器是只写寄存器，读无效。

表 5 - 1　P1ASF 寄存器的格式（1）

SFR name	Address	bit	B7	B6	B5	B4	B3	B2	B1	B0
P1ASF	9DH	name	P17ASF	P16ASF	P15ASF	P14ASF	P13ASF	P12ASF	P11ASF	P10ASF

表 5 - 2　P1ASF 寄存器的格式（2）

P1ASF [7:0]	P1.x 的功能	其中 P1ASF 寄存器地址为 [9DH]（不能够进行位寻址）
P1ASF0 = 1	P1.0 端口作为模拟功能 A/D 使用	
P1ASE1 = 1	P1.1 端口作为模拟功能 A/D 使用	
P1ASE.2 = 1	P1.2 端口作为模拟功能 A/D 使用	

P1ASF [7：0]	P1. x 的功能	其中 P1ASF 寄存器地址为 [9DH]（不能够进行位寻址）
P1ASF3 = 1	P1.3 端口作为模拟功能 A/D 使用	
P1ASF.4 = 1	P1.4 端口作为模拟功能 A/D 使用	
P1ASF.5 = 1	P1.5 端口作为模拟功能 A/D 使用	
P1ASF.6 = 1	P1.6 端口作为模拟功能 A/D 使用	
P1ASF7 = 1	P1.7 端口作为模拟功能 A/D 使用	

3. A/D 转换控制寄存器 ADC_CONTR

ADC_CONTR 寄存器的格式如表 5 – 3 所示。对 ADC_CONTR 寄存器进行操作，建议直接用 MOV 赋值语句，不要用"与"和"或"语句。

表 5 – 3　ADC_CONTR 寄存器的格式

SFR name	Address	bit	B7	B6	B5	B4	B3	B2	B1	B0
ADC_CONTR	BCH	name	ADC_POWER	SPEED1	SPEED0	ADC_FLAG	ADC_START	CHS2	CHS1	CHS0

ADC_POWER 为 A/D 转换器电源控制位。

（1）0，关闭 A/D 转换器电源；

（2）1，打开 A/D 转换器电源。

建议进入空闲模式和掉电模式前，将 A/D 转换器电源关闭，即 ADC_POWER = 0，以降低功耗。启动 A/D 转换器前一定要确认其电源已打开，A/D 转换结束后关闭电源可降低功耗，也可不关闭电源。初次打开内部 A/D 转换模拟电源时需适当延时，等内部 A/D 转换模拟电源稳定后，再启动 A/D 转换。

建议启动 A/D 转换后，在 A/D 转换结束之前不改变任何 IO 端口的状态，这有助于进行高精度 A/D 转换。

SPEED1、SPEED0 为 A/D 转换速度控制位，如表 5 – 4 所示。

表 5 – 4　A/D 转换速度控制位

SPEED1	SPEED0	A/D 转换所需时间
1	1	90 个时钟周期转换一次，CPU 工作频率为 27 MHz 时，A/D 转换速度约为 300 kHz $\left(\approx 27\ MHz \times \dfrac{1}{90} \right)$
1	0	180 个时钟周期转换一次
0	1	360 个时钟周期转换一次
0	0	540 个时钟周期转换一次

ADC_FLAG 为 A/D 转换器转换结束标志位，当 A/D 转换完成后，ADC_FLAG = 1，要由软件清零。不管是 A/D 转换完成后由该位申请产生中断，还是由软件查询该标志位以

确定 A/D 转换是否结束，只有当 A/D 转换完成，即有 ADC_FLAG = 1，这时一定要由软件清零。

ADC_START 为 A/D 转换器转换启动控制位，设置为 "1" 时，开始 A/D 转换，A/D 转换结束后为 "0"。

CHS2/CHS1/CHS0 为模拟输入通道选择位，如表 5 – 5 所示。

表 5 – 5 模拟输入通道选择位

CHS2	CHS1	CHS0	Analog Channel Select（模拟输入通道选择）
0	0	0	选择 P1.0 作为 A/D 输入使用
0	0	1	选择 P1.1 作为 A/D 输入使用
0	1	0	选择 P1.2 作为 A/D 输入使用
0	1	1	选择 P1.3 作为 A/D 输入使用
1	0	0	选择 P1.4 作为 A/D 输入使用
1	0	1	选择 P1.5 作为 A/D 输入使用
1	1	0	选择 P1.6 作为 A/D 输入使用
1	1	1	选择 P1.7 作为 A/D 输入使用

4. A/D 转换结果调整寄存器位

A/D 转换结果调整寄存器位——ADRJ 位于 CLK_DIV/PCON 寄存器中，用于控制 A/D 转换结果存放的位置。CLK_DIV 寄存器的格式如表 5 – 6 所示。

表 5 – 6 CLK_DIV 寄存器的格式

Mnemonic	Address	Name	B7	B6	B5	B4	B3	B2	B1	B0	Rest Value
CLK_DIV（PCON2）	97H	时钟分频寄存器	MCKO_S1	MCKO_S0	ADR	Tx_Rx	MCLKO_2	CLKS2	CLKS1	CLKS0	000, x000

（1）ADRJ = 0，ADC_RES [7:0] 存放高 8 位 A/D 转换结果，ADC_RESL [1:0] 存放低 2 位 A/D 转换结果。

（2）ADRJ = 1，ADC_RES [1:0] 存放高 2 位 A/D 转换结果，ADC_RESL [7:0] 存放低 8 位 A/D 转换结果。

5. 编程思路

STC15W4K32S4 系列单片机通过内部 A/D 转换电路检测 P1.5 引脚上电位器中心抽头分得的电压值，此程序直接将检测到的 A/D 转换数据值显示出来，不做其他处理。

任务 5	汽车燃油表设计与制作		学　时	4
姓　名		学　号		班　级		日　期	
团队成员				
任务要求	设计一个汽车燃油表显示与控制系统，要求用 4 个 LED 灯显示油箱油量的大小，满油时 4 个 LED 灯全亮，油量减小时亮 3 个 LED 灯，再减小时亮 2 个 LED 灯，再减小时亮 1 个 LED 灯，油量为零时 LED 灯全灭。当亮灯的个数小于等于 1 个时，控制蜂鸣器报警，亮灯个数大于 1 时，关闭蜂鸣器报警。利用学习板完成设计，用电位器代替燃油传感器			

一、电路设计

二、程序设计思路

任务 5		汽车燃油表设计与制作			学　时	4
姓　名		学　号		班　级		日　期	

三、功能测试

四、反思

任务 6 汽车电量表设计与制作

知识目标	技能目标	素质目标
能描述电阻分压检测的基本原理与应用	能进行汽车电量表控制程序的编制、调试、拓展应用	1. 规范操作过程，符合 6S 管理要求； 2. 具备自主学习、团队协作、认真探究的态度

任务描述

通过单片机控制，在 LCD1602 液晶屏上显示电池当前电量，以此模拟电动汽车上的电量显示及控制系统。设计要求：第一行显示"Battery Level："，第二行显示电池当前电量。

任务实施

1. 电路设计

学习板 TT4 汽车电量表电路 IO 分配如图 6-1 所示。

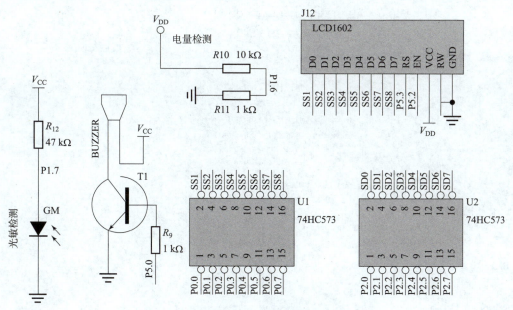

图 6-1 学习板 TT4 汽车电量表电路 IO 分配

2. 源程序

源程序代码如下。

```
#include "STC15F2K60S2.h"
#include <intrins.h>
sbit lcden = P5^2;                                    //LCD1602 使能端
sbit lcdrs = P5^3;                                    //LCD1602 寄存器选择
unsigned char table1[16] = "Battery Level:      ";    //第一行显示数据
unsigned char table2[16] = "                ";        //第二行显示数据
unsigned int AD_D;                                    //A/D 转换数据值
unsigned int V_T;                                     //电池电量
void InitADC();                                       //内部 A/D 转换初始化程序
unsigned char GetADCResult(unsigned char ch);         //取内部 10 位 A/D 转
换数据值
unsigned int  get_adc(unsigned char ch);              //读第几通道 A/D 转
换数据值值
void delay(unsigned int x)                             //延时程序
{unsigned int i,j;
    for(i = x;i > 0;i -- )
    {
    for(j = 240;j > 0;j -- );
    }
}
void lcd_write_com(unsigned char com)                  //LCD1602 写指令
{
    lcdrs = 0;
    P0 = com;
    lcden = 1;
    delay(10);
    lcden = 0;
}
void lcd_write_data(unsigned char dat)                 //LCD1602 写数据
{
    lcdrs = 1;
    P0 = dat;
    lcden = 1;
    delay(10);
    lcden = 0;
```

```
}
void display()                              //显示程序
{
unsigned char num;
    lcd_write_com(0x80);                    //显示第一行
    for(num=0;num<16;num++)
    {
    lcd_write_data(table1[num]);
    delay(10);
    }
    lcd_write_com(0xC0);                    //显示第二行
    for(num=0;num<16;num++)
    {
    lcd_write_data(table2[num]);
    delay(10);
    }
}
void init()                                 //LCD1602初始化
{
    delay(1000);
    lcd_write_com(0x38);delay(100);         //显示模式设置
    lcd_write_com(0x08);delay(100);         //显示关闭
    lcd_write_com(0x01);delay(100);         //显示清屏
    lcd_write_com(0x06);delay(100);         //显示光标移动设置
    lcd_write_com(0x0C);delay(100);         //显示开/关及光标设置
}
void main()
{
unsigned char i;
P0M0=0xFF;          //设置P0端口为准双向IO(传统51模式)
P0M1=0x00;          //设置P0端口为准双向IO(传统51模式)
P2M0=0xFF;          //设置P2端口为准双向IO(传统51模式)
P2M1=0x00;          //设置P2端口为准双向IO(传统51模式)
delay(100);         //延时
init();             //LCD1602初始化
while(1)
{
    AD_D=get_adc(6);//取第3路A/D转换数据值
```

```
        V_T = AD_D * 55;              //数据转换
        V_T/ = 10;                    //因为除1024,所以先除10即可显示两位小数。
        if(V_T/1000 == 0)table2[1] = ' ';              //千位若为零,则不显示
        else table2[1] = V_T/1000 + 0x30;    //取电量千位,转换成 ASCII 码
形式
        table2[2] = (V_T%1000)/100 + 0x30;           //取电量百位,转换成 ASCII
码形式
        table2[3] = '. ';                       //显示小数点
        table2[4] = (V_T%100)/10 + 0x30;          //取电量十位,转换成 ASCII
码形式
        table2[5] = (V_T%10) + 0x30;              //取电量个位,转换成 ASCII
码形式
        table2[6] = 'V';                        //显示电压字符
        for(i = 0;i < 10;i ++)display();             //降低 A/D 读取频率
//改变 i 值,可改变数据刷新速度
    }
}
///////////A/D 转换部分///////////
//读第几通道 A/D 转换数据值
unsigned int get_adc(unsigned char ch)
{
unsigned int  adc_r;
adc_r = GetADCResult(ch) * 4 + ADC_RESL;      //将 A/D 转换结果高、低位数据
值组合
return(adc_r);                          //返回 A/D 转换结果
}
//取内部 10 位 AD 数据
unsigned char GetADCResult(unsigned char ch)
{   ADC_CONTR = 0x88 |ch;           //打开电源开关,通道为 CH,启动 A/D 转换
    while(! (ADC_CONTR & 0x10));    //等待 A/D 转换结束
    ADC_CONTR & = ~0x10;            //关闭 A/D 转换,将 A/D 转换结束标志清零
    return ADC_RES;                 //返回 A/D 转换结果高位寄存器数据
}
//内部 AD 初始化程序
void InitADC()
{
    P1ASF = 0x07;                   //设置 P1 端口的相应引脚为模拟输入(A/D 转换功
能)
```

```
        ADC_RES = 0;              //将 A/D 转换结果高位寄存器清零
        ADC_CONTR = 0x80;         //打开 A/D 转换器电源开关
        delay(100);               //A/D 转换器延时
    }
```

3. 功能测试

（1）电路连接是否正确：　　　　　　　　是□　　否□

（2）程序下载器连接是否正常：　　　　　是□　　否□

（3）下载程序到目标板是否完成：　　　　是□　　否□

（4）是否显示不同电池电压数值：　　　　是□　　否□

4. 画出程序流程图

知识链接

电池电压取样电路如图 6 – 2 所示。

可得 $U_1 = [R_5/(R_4 + R_5)] \times V_{SS} = (1/11) \times V_{SS}$。

单片机通过 A/D 转换可检测到 U_1 的转换值，为数字信号。若想取得数字信号所描述的模拟电压值，需要将数字值乘以 5 再除以 1 024，得到的数据为此时检测到的模拟电压值。列方程为 $U_1 = ($数字值$\times 5)/1\ 024$。

由上述分析可得

$$（数字值 \times 5)/1\ 024 = (1/11) \times V_{SS}$$

转换可得

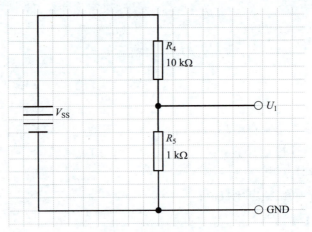

图 6 – 2　电池电压取样电路

$$V_{SS} = (数字值 \times 5)/1\ 024 \times 11$$

化简为

$$V_{SS} = (数字值 \times 55)/1\ 024$$

电池电量检测精确到个位数的方法为：将单片机取得的 A/D 转换数据值乘以 55，再除以 1 024，即可得出当前电池电量的模拟值。

电池电量检测精确到 1 位小数的方法为：将单片机取得的 A/D 转换数据值乘以 550，再除以 1 024 ，即可得出当前电池电量的 10 倍模拟值。在显示时人为在个位和十位之间加入小数点，此时显示出来的数据和真实数据一致。因为单片机对小数的处理比较复杂，所以采用此方法可到得一个具有小数显示的电池电量表。

注：上述分析是以图 6 – 2、单片机供电电压为 5V 为例进行的，若元器件参数有改变，则需要进行相应改变。计算过程中数据的存放变量需要考虑数据类型，例如定义变量时是 int 型，计算数据存放的最大值为 65 535，若超过 65 535 则无法存放或造成数据错误。若需要检测电压超过值，则需要定义变量为 long 型或更大的数据类型，也可通过方程化简的方法使乘数和被除数减小。例如在精确到 1 位小数时除以 1 024，把 1 024 近似成 1 020 所得到的结果误差为 0.1 V，此时就可以将 1 020 与 55 进行约分处理来减小乘数和被除数，使计算结果保持在数据类型的范围内。

拓展任务

任务6		汽车电量表设计与制作		学　时	2
姓　名		学　号	班　级	日　期	
团队成员					
任务要求	实现汽车自动大灯设计与制作，光线弱时（遮挡光敏电阻）点亮 LED 灯，光线充足时熄灭 LED 灯。利用学习板完成设计，光敏检测 IO 端口为 P1.7 端口				

一、电路设计

二、程序设计思路

任务 6		汽车电量表设计与制作			学　时	2
姓　名		学　号		班　级	日　期	

三、功能测试

四、反思

任务 7 汽车里程表设计与制作

知识目标	技能目标	素质目标
能描述单片机 EEPROM 的基本组成与应用	能进行汽车里程表控制程序的编制、调试、拓展应用	1. 规范操作过程，符合 6S 管理要求； 2. 具备自主学习、团队协作、认真探究的态度

任务描述 ✂

通过单片机控制，检测相应的按钮被按下的次数，并显示出来，要求在单片机断电后计数值不会丢失，以此模拟汽车里程表控制系统。设计要求：S1 被按下时，计数器不操作，在 S1 被松开时，计数器进行加 1 操作，单片机在任意时刻断电后再次上电时里程计数值保持原来的数据，将里程计数值写入 STC15W4K32S4 单片机内部 EEPROM。通过数码管显示里程计数值。

任务实施 📖

1. 电路设计

学习板 TT4 汽车里程表模拟控制电路 IO 分配如图 7-1 所示。

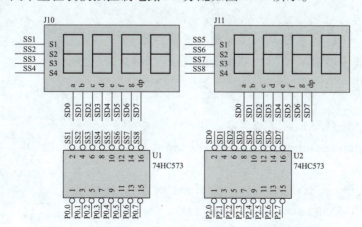

图 7-1　学习板 TT4 汽车里程表模拟控制电路 IO 分配

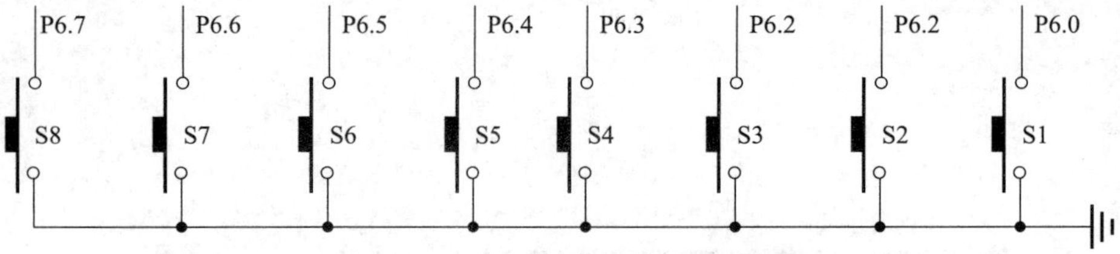

图 7－1　学习板 TT4 汽车里程表模拟控制电路 IO 分配（续）

拓展：汽车里程表设计与制作

2. 源程序

源程序代码如下。

```
#include "STC15F2K60S2.h"
sbit key=P6^0;                                //模拟速度传感器输入
unsigned char table[]=
{0xc0,0xf9,0xa4,0xb0,0x99,0x92,0x82,0xf8,0x80,0x90};
unsigned int  L_C;                           //里程计数器
unsigned char ad_p[4];                       //千、百、十、个位存放位置
//////1ms 延时函数//////////////////
void delay(unsigned int i)
{
unsigned int j,k,z;
for(j=0;j<i;j++)
 for(z=0;z<8;z++)
    for(k=0;k<250;k++);
}
//关闭 IAP
void IapIdle()
{
IAP_CONTR=0;              //关闭 IAP 功能
IAP_CMD=0;                //清除命令寄存器
IAP_TRIG=0;                //清除触发寄存器
IAP_ADDRH=0x80;           //将地址设置到非 IAP 区域
IAP_ADDRL=0;
}
//从 ISP/IAP/EEPROM 区域读取 1 字节
unsigned char Read(unsigned int addr)
{
unsigned char dat;                //数据缓冲区
IAP_CONTR=0X82;            //使能 IAP
```

```
IAP_CMD = 1;                //设置 IAP 命令
IAP_ADDRL = addr;            //设置 IAP 低地址
IAP_ADDRH = addr>>8;        //设置 IAP 高地址
IAP_TRIG = 0x5a;            //写触发命令(0x5a)
IAP_TRIG = 0xa5;            //写触发命令(0xa5)
dat = IAP_DATA;             //读 ISP/IAP/EEPROM 数据
IapIdle();                   //关闭 IAP 功能
return dat;                  //返回
}
//写1字节数据到 ISP/IAP/EEPROM 区域
void Write(unsigned int addr,unsigned char dat)
{
IAP_CONTR = 0X82;          //使能 IAP
IAP_CMD = 2;                //设置 IAP 命令
IAP_ADDRL = addr;           //设置 IAP 低地址
IAP_ADDRH = addr>>8;       //设置 IAP 高地址
IAP_DATA = dat;             //写 ISP/IAP/EEPROM 数据
IAP_TRIG = 0x5a;            //写触发命令(0x5a)
IAP_TRIG = 0xa5;            //写触发命令(0xa5)
IapIdle();                   //关闭 IAP 功能
}
//扇区擦除
void Erase(unsigned int addr)
{
IAP_CONTR = 0X82;          //使能 IAP
IAP_CMD = 3;                //设置 IAP 命令
IAP_ADDRL = addr;            //设置 IAP 低地址
IAP_ADDRH = addr>>8;       //设置 IAP 高地址
IAP_TRIG = 0x5a;            //写触发命令(0x5a)
IAP_TRIG = 0xa5;            //写触发命令(0xa5)
IapIdle();                    //关闭 IAP 功能
}
///////////////////////////////////////////
void display( )
{
unsigned char i,ds;
ds = 0x01;
for(i = 0;i < 4;i ++)
```

```
    {P2 = table[ad_p[i]];P0 = ds;        //发送数字"i"段码到数码管显示
    delay(2);
    P0 = 0x00;P2 = 0xFF;delay(2);        //关闭显示器,消除"鬼影"
    ds = ds << 1;
    }
    }
    void main()                  //主函数
    {
    P0M0 = 0x00;                  //设置 P0 端口为准双向 IO(传统 51 模式)
    P0M1 = 0x00;                  //设置 P0 端口为准双向 IO(传统 51 模式)
    P2M0 = 0x00;                  //设置 P0 端口为准双向 IO(传统 51 模式)
    P2M1 = 0x00;                  //设置 P0 端口为准双向 IO(传统 51 模式)
    P5 = 0x00;
    delay(100);                   //开机适当延时
    L_C = Read(0x0000) * 256 + Read(0x0001);   //读里程数据的高 8 位和低 8 位
    if(L_C > 9999)                //里程计数最大值 9999
    {L_C = 0;                     //里程计数值超过 9999 后清零
    Erase(0x0000);                //擦除 0x0000 扇区的所有内容
    Write(0x0000,L_C/256);        //取出里程数据的高 8 位存入 0x0000 地址
    Write(0x0001,L_C%256);        //取出里程数据的低 8 位存入 0x0001 地址
    }
    while(1)
    {
    if(key == 0)                  //检测按键是否被按下
    {
    while(key == 0)display();     //等待按键被松开
    if(L_C < 9999)L_C ++;         //里程计数值小于 9999 时,里程数据加 1
    else L_C = 0;                 //里程计数值超过 9999 时,里程数据清零
    Erase(0x0000);                //擦除 0x0000 扇区的所有内容
    Write(0x0000,L_C/256);        //取出里程数据的高 8 位存入 0x0000 地址
    Write(0x0001,L_C%256);        //取出里程数据的低 8 位存入 0x0001 地址
    }
    ad_p[3] = (L_C%10000)/1000;   //取出里程数据的千位
    ad_p[2] = (L_C%1000)/100;     //取出里程数据的百位
    ad_p[1] = (L_C%100)/10;       //取出里程数据的十位
    ad_p[0] = L_C%10;             //取出里程数据的个位
    display();                    //显示里程数据
    }
    }
```

3. 功能测试

（1）电路连接是否正确：　　　　　　是□　　　否□
（2）程序下载器连接是否正常：　　　是□　　　否□
（3）下载程序到目标板是否完成：　　是□　　　否□
（4）按键时显示数据是否增加：　　　是□　　　否□
（5）重新上电后数据是否不变：　　　是□　　　否□

注意事项：下载程序时，需要在 STC – ISP 软件中勾选"本次将 EEPROM 区域全部填充为 FF"复选框。

4. 画出程序流程图

知识链接

1. STC15 系列单片机 EEPROM 的应用

STC15 系列单片机内部集成了大容量的 EEPROM，其与程序空间是分开的。利用 ISP/IAP 技术可将内部 Data Flash 当作 EEPROM，其擦写次数在 10 万次以上。EEPROM 可分为若干扇区，每个扇区包含 512 字节。使用时，建议同一次修改的数据放在同一个扇区，不是同一次修改的数据放在不同的扇区，不一定要用满。EEPROM 的擦除操作是按扇区进行的。

EEPROM 可用于保存一些需要在应用过程中修改并且掉电后不丢失的参数数据。在用户程序中，可以对 EEPROM 进行字节读/字节编程/扇区擦除操作。在工作电压 V_{cc} 偏低时，建议不要进行 EEPROM/IAP 操作。

2. IAP 及 EEPROM 新增特殊功能寄存器介绍

1）ISP/IAP 数据寄存器 IAP_DATA

IAP_DATA 是 ISP/IAP 操作时的数据寄存器。ISP/IAP 从 Flash 读出的数据放在此处，向 Flash 写的数据也需要放在此处。

2）ISP/IAP 地址寄存器 IAP_ADDRH 和 IAP_ADDRL

（1）IAP_ADDRH：ISP/IAP 操作时的地址高 8 位寄存器。

（2）IAP_ADDRL：ISP/IAP 操作时的地址低 8 位寄存器。

3）ISP/IAP 命令寄存器 IAP_CMD

ISP/IAP 命令寄存器 IAP_CMD 的格式如表 7 – 1、表 7 – 2 所示。

表 7 – 1　ISP/IAP 命令寄存器 IAP_CMD 的格式（1）

SFR name	Adress	bit	B7	B6	BS	B4	B3	B2	B1	B0
IAP_CMD	C5H	name	–	–	–	–	–	–	MS1	MS0

表 7 – 2　ISP/IAP 命令寄存器 IAP_CMD 的格式（2）

MS1	MS0	命令/操作模式选择
0	0	Standby 待机模式，无 ISP 操作
0	0	从用户的应用程序区对"Data Flash/EPROM 区"进行字节读
1	0	从用户的应用程序区对"Data Flash/EEPROM 区"进行字节编程
1	1	从用户的应用程序区对"Data Flash/EEPROM 区"进行扇区擦除

程序在用户应用程序区时，仅可以对数据 Flash 区（EEPROM）进行字节读/字节编程/扇区擦除操作。但 IAP15 系列除外，IAP15 系列可修改用户应用程序区。

4）ISP/IAP 命令触发寄存器 IAP_TRIG

IAP_TRIG 是 ISP/IAP 操作时的命令触发寄存器。在 IAPEN（IAP_CONTR.7）= 1 时，对 IAP_TRIG 先写入 5AH，再写入 A5H，这样 ISP/IAP 命令才会生效。

ISP/IAP 操作完成后，IAP 地址高 8 位寄存器 IAP_ADDRH、IAP 地址低 8 位寄存器 IAP_ADDRL 和 ISP/IAP 命令寄存器 IAP_CMD 的内容不变。如果接下来要对下一个地址的数据进行 ISP/IAP 操作，需手动将该地址的高 8 位和低 8 位分别写入 IAP_ADDRH 和 IAP_ADDRL 寄存器。

每次进行 IAP 操作时，都要对 IAP_TRIG 先写入 5AH，再写入 A5H，这样 ISP/IAP 命令才会生效。

在每次触发前，需要重新发送字节读/字节编程/扇区擦除命令，在命令不改变时，不需重新发送命令。

5）ISP/IAP 控制寄存器 IAP_CONTR

ISP/IAP 控制寄存器 IAP_CONTR 的格式如表 7 – 3 所示。

表 7-3   ISP/IAP 控制寄存器 IAP_CONTR 的格式

SFR name	Address	bit	B7	B6	B5	B4	B3	B2	B1	B0
IAP_CONTR	C7H	name	IAPEN	SWBS	SWRST	CMD_FAIL	–	WT2	WT1	WT0

（1）IAPEN：ISP/IAP 功能允许位。

①0：禁止 IAP 读/写/擦除 Data Flash/EEPROM；

②1：允许 IAP 读/写/擦除 Data Flash/EEPROM。

（2）WT2、WT1、WT0：设置 CPU 等待时间，格式如表 7-4 所示。

表 7-4   CPU 等待时间设置格式

设置等待时间			CPU 等待时间（多少个 CPU 工作时钟）			
WT2	WT1	WT0	Read/读 （2 个时钟）	Program/编程 （ =55 μs）	Sector Erase 扇区擦除 （ =21 ms）	Recommended System Clock 跟等待参数对应的推荐系统时钟
1	1	1	2 个时钟	55 个时钟	21 012 个时钟	≥1 MHz
1	1	0	2 个时钟	110 个时钟	42 024 个时钟	≥2 MHz
1	0	1	2 个时钟	165 个时钟	63 036 个时钟	≥3 MHz
1	0	0	2 个时钟	330 个时钟	126 072 个时钟	≥6 MHz
0	1	1	2 个时钟	660 个时钟	252 144 个时钟	≥12 MHz
0	1	0	2 个时钟	1 100 个时钟	420 240 个时钟	≥20 MHz
0	0	1	2 个时钟	1 320 个时钟	504 288 个时钟	≥24 MHz
0	0	0	2 个时钟	1 760 个时钟	672 384 个时钟	≥30 MHz

3. STC15 系列单片机 EEPROM 空间大小及地址

STC15 系列单片机 EEPROM 空间大小如表 7-5 所示。

表 7-5   STC15 系列单片机 EEPROM 空间大小

STC15W4K32S4 系列单片机内部 EEPROM 选型一览							STC15W4K32S4 系列单片机内部 EEPROM 还可以用 MOVC 指令读，但此时首地址不再是 0000H，而是程序存储空间结束地址的下一个地址
型号	EEPROM 字节数	扇区数	用 IAP 字节读时 EEPROM 起始扇区首地址	用 IAP 字节读时 EEPROM 结束扇区末尾地址	用 MOVC 指令读时 EEPROM 起始扇区首地址	用 MOVC 指令读时 EEPROM 结束扇区末尾地址	
STC15W4K16S4	42 K	84	0000H	A7FFH	4000H	E7FFH	
STC15W4K32S4	26 K	52	0000H	67FFH	8000H	E7FFH	512 字节为一个扇区，建议同一次修改的数据放在同一扇区，不是同一次修改的数据放在不同的扇区
STC15W4K40S4	18 K	36	0000H	47FFH	A000H	E7FFH	
STC15W4K48S4	10 K	20	0000H	27FFH	C000H	E7FFH	
STC15W4K56S4	2 K	4	0000H	07FFH	E000H	E7FFH	

STC15 系列单片机 EEPROM 部分空间地址分布如表 7-6 所示。

表7-6 STC15 系列单片机 EEPROM 部分空间地址分布

第一扇区		第二扇区		第三扇区		第四扇区	
起始地址	结束地址	起始地址	结束地址	起始地址	结束地址	起始地址	结束地址
000H	1FFH	200H	3FFH	400H	5FFH	600H	7FFH
第五扇区		第六扇区		第七扇区		第八扇区	
起始地址	结束地址	起始地址	结束地址	起始地址	结束地址	起始地址	结束地址
800H	9FFH	A00H	BFFH	C00H	DFFH	E00H	FFFH
第九扇区		第十扇区		第十一扇区		第十二扇区	
起始地址	结束地址	起始地址	结束地址	起始地址	结束地址	起始地址	结束地址
1000H	11FFH	1200H	13FFH	1400H	15FFH	1600H	17FFH
第十三扇区		第十四扇区		第十五扇区		第十六扇区	
起始地址	结束地址	起始地址	结束地址	起始地址	结束地址	起始地址	结束地址
1800H	19FFH	1A00H	1BFFH	1C00H	1DFFH	1E00H	1FFFH
第十七扇区		第十八扇区		第十九扇区		第二十扇区	
起始地址	结束地址	起始地址	结束地址	起始地址	结束地址	起始地址	结束地址
2000H	2IFFH	2200H	23FFH	2400H	25FFH	2600H	27FFH
第二十一扇区		第二十二扇区		第二十三扇区		第二十四扇区	
起始地址	结束地址	起始地址	结束地址	起始地址	结束地址	起始地址	结束地址
2800H	29FFH	2A00H	2BFFH	2C00H	2DFFH	2E00H	2FFFH
第二十五扇区		第二十六扇区		第二十七扇区		第…扇区	
起始地址	结束地址	起始地址	结束地址	起始地址	结束地址	起始地址	结束地址
3000H	31FFH	3200H	33FFH	3400H	35FFH	…	…

4. 编程思路

STC15 系列单片机在上电复位时，读取内部 EEPROM 数据中存入的里程数据的高 8 位和低 8 位（因为里程计数值大小为 255，所以需要 2 个字节才能存放），如果里程计数值超过 9 999 再清零，则程序运行时一直循环检测 P6.0 端口上的按钮是否被按下，按钮被按下后程序一直等待按钮被松开（可有效地去除按钮抖动问题），按钮被松开后进行加 1 操作。数码管显示里程计数值。

任务7		汽车里程表设计与制作		学　时	4
姓　名		学　号		班　级		日　期	
团队成员					

任务要求	在产品设计时增加试用功能，试用次数为 10 次，若开关机超过 10 次，则程序自动锁死，显示数据为"－－－－"，并闪动。利用学习板完成设计。 　　重要提示：下载程序时，需要在 STC – ISP 软件中勾选"本次将 EEPROM 区域全部填充为 FF"复选框

一、电路设计

二、程序设计思路

任务 7		汽车里程表设计与制作				学　时	4
姓　名		学　号		班　级		日　期	

三、功能测试

四、反思

任务 8　汽车倒车雷达设计与制作

任务目标

知识目标	技能目标	素质目标
能描述超声波测距的基本原理与应用	能进行汽车倒车雷达控制程序的编制、调试、拓展应用	1. 规范操作过程，符合 6S 管理要求； 2. 具备自主学习、团队协作、认真探究的态度

任务描述

通过单片机控制，在 LCD1602 显示屏上显示超声波探头测量的距离值，以此模拟汽车倒车雷达控制系统。设计要求：在 LCD1602 显示屏上显示单片机检测到的距离值。

任务实施

1. 电路设计

学习板 TT4 汽车倒车雷达控制电路 IO 分配如图 8−1 所示。

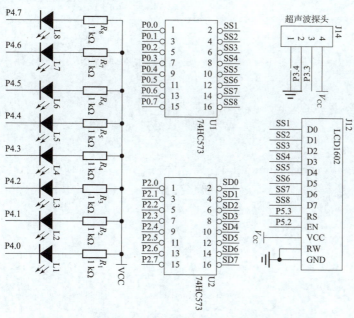

图 8−1　学习板 TT4 汽车倒车雷达控制电路 IO 分配

2. 源程序

源程序代码如下。

```c
#include "STC15F2K60S2.h"
#include < intrins. h >
sbit lcden = P5^2;              //LCD1602 使能端
sbit lcdrs = P5^3;              //LCD1602 寄存器选择
sbit Tx_F = P3^3;              //产生脉冲引脚,延时 20μs
sbit Rx_F = P3^4;              //回波引脚 echo
bit TimeUp = 0;                            //定时器溢出标志位
long Th0,Tl0;                              //超声波测距用变量
unsigned int ju_li_F = 0;                  //距离
unsigned long Measureresult = 0;           //超声波测距用变量
unsigned long time0 = 0;                   //超声波测距用变量
unsigned char table1[16] = "HNDQZY - QCXH - DPJ - ";   //第一行显示数组
unsigned char table2[16] = "Ju_Li:            ";   //第二行显示数组
void delay( unsigned int x)                //延时程序
{unsigned int i,j;
    for( i = x;i > 0;i -- )
    {
    for(j = 240;j > 0;j -- );
    }
}
void Measure_F( )          //超声波测距
{
unsigned char Del20us = 0;   //延时变量,在超声波脉冲引脚中产生 20μs 的
方波
bit RxBack = 1;                     //超声波返回标志位
Tx_F = 0;                           //将超声波脉冲引脚电位拉低
TR1 = 0;
ET1 = 0;
Th0 = 0;                       //初始化变量值
Tl0 = 0;                       //初始化变量值
TimeUp = 0;                    //初始化
EA = 1;                        //开总中断
ET0 = 1;                       //开定时器 0 中断
TR0 = 0;                       //关定时器 0
TH0 = 0;                       //赋定时器初始值高 8 位为 0
```

```
    TLO = 0;                    //赋定时器初始值低 8 位为 0
    Tx_F = 1;
    for(Del20us = 120;Del20us > 0;Del20us --);    //延时 20μs
    Tx_F = 0;
    while(Rx_F == 0);                    //等待 Rx_F 变为高电平
    THO = 0;
    TLO = 0;
    TR0 = 1;                    //开定时器 0
    while(RxBack)
    {
    if(Rx_F == 0 || TimeUp == 1)
    {TR0 = 0;Th0 = TH0;Tl0 = TL0;TR0 = 1;RxBack = 0;}
    }
    while(! TimeUp);                    //等待定时器溢出
    time0 = (Th0 * 256 + Tl0);                //取出定时器的值
    Measureresult = ((unsigned long)(344)* time0)/4000;//测量的结果单位
为 mm
    //过滤掉一些异常的数据,当测量出的距离不在 30~900mm 范围内时返回值为 0
    if(Measureresult > 10&&Measureresult < 1500) ju_li_F = Measurere-
sult;
    }
    void T0_time() interrupt 1                //定时器 0 中断服务程序
    {
    TimeUp = 1;
    }
    void lcd_write_com(unsigned char com)    //LCD1602 写指令
    {
        lcdrs = 0;
        P0 = com;
        lcden = 1;
        delay(10);
        lcden = 0;
    }
    void lcd_write_data(unsigned char dat)    //LCD1602 写数据
    {
        lcdrs = 1;
        P0 = dat;
        lcden = 1;
```

```
        delay(10);
        lcden = 0;
}
void display()
{
unsigned char num;
        lcd_write_com(0x80);            //第一行显示指令
        for(num = 0;num < 16;num ++)
        {
        lcd_write_data(table1[num]);    //第一行显示16个字符
        delay(10);
        }
        lcd_write_com(0x80 + 0x40);     //第二行显示指令
        for(num = 0;num < 16;num ++)

{
        lcd_write_data(table2[num]);    //第二行显示16个字符
        delay(10);
        }
}
void init()
{
        delay(1000);
        lcd_write_com(0x38);delay(100);     //显示模式设置
        lcd_write_com(0x08);delay(100);     //显示关闭
        lcd_write_com(0x01);delay(100);     //显示清屏
        lcd_write_com(0x06);delay(100);     //显示光标移动设置
        lcd_write_com(0x0C);delay(100);     //显示开/关及光标设置


}
void main()
{
P0M0 = 0xFF;        //设置 P0 端口为准双向 IO(传统 51 模式)
P0M1 = 0x00;        //设置 P0 端口为准双向 IO(传统 51 模式)
P2M0 = 0x00;        //设置 P3 端口为准双向 IO(传统 51 模式)
P2M1 = 0x00;        //设置 P3 端口为准双向 IO(传统 51 模式)
delay(100);
init();             //LCD1602 初始化
Tx_F = 0;           //将超声波脉冲引脚电位拉低
```

```
while(1)
{
Measure_F();                            //取超声波测距数据
    table2[6] = (ju_li_F%10000)/1000 + 0x30;   //取距离千位,变成 ASCII 码
形式
    table2[7] = (ju_li_F%1000)/100 + 0x30;     //取距离百位,变成 ASCII 码
形式
    table2[8] = (ju_li_F%100)/10 + 0x30;       //取距离十位,变成 ASCII 码
形式
    table2[9] = ju_li_F%10 + 0x30;             //取距离个位,变成 ASCII 码形式
    display();                              //显示
}
}
```

3. 功能测试

（1）电路连接是否正确：   是□   否□
（2）程序下载器连接是否正常：   是□   否□
（3）下载程序到目标板是否完成：   是□   否□
（4）是否实时显示距离值：   是□   否□

4. 画出程序流程图

1. HC－SR04 超声波测距模块介绍

HC－SR04 超声波测距模块可提供 7 ~ 400 cm 的非接触式距离感测功能，测量精度可达 3 mm。HC－SR04 超声波测距模块实物如图 8 - 2 所示。

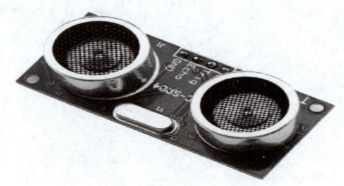

图 8 - 2　HC－SR04 超声波测距模块实物

2. HC－SR04 超声波测距模块的工作原理

（1）采用 IO 端口 TRIG 触发测距，给至少 10 μs 的高电平信号。

（2）自动发送 8 个 40 kHZ 的方波，自动检测是否有信号返回。

（3）有信号返回，通过 IO 端口 ECHO 输出一个高电平，高电平持续的时间就是超声波从发射到返回的时间。测量距离 =（高电平时间×声速（340 m/s））/2。

（4）HC－SR04 超声波测距模块的使用方法简单，一个控制端口发一个 10 μs 以上的高电平，在接收端口等待高电平输出，一有输出就可以开定时器计时，当此端口变为低电平时就可以读定时器的值，此值就为此次测距的时间，由此可算出距离。

3. HC－SR04 超声波测距模块时序图

HC－SR04 超声波测距模块时序如图 8 - 3 所示。

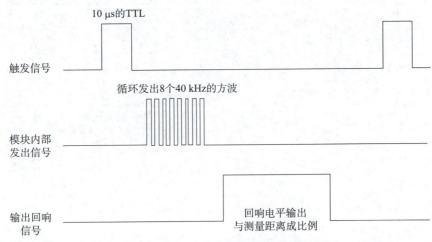

图 8 - 3　HC－SR04 超声波测距模块时序图

4. HC – SR04 超声波测距模块程序控制

初始化时将 TRIG 和 ECHO 端口都置低，首先向给 TRIG 发送至少 10 μs 的高电平脉冲（模块自动向外发送 8 个 40 kHz 的方波），然后等待，捕捉 ECHO 端输出上升沿，在捕捉到上升沿的同时，打开定时器开始计时，再次等待捕捉 ECHO 的下降沿，当捕捉到下降沿时，读出定时器的时间，这就是超声波在空气中传播的时间。按照测量距离 =（高电平时间×声速（340 m/s））/2 就可以算出 HC – SR04 超声波测距模块到障碍物的距离。

任务 8		汽车倒车雷达设计与制作				学　时	4
姓　名		学　号		班　级		日　期	
团队成员							
任务要求		设计一个汽车倒车雷达控制系统，当距离小于 20 cm 时，亮 1 个 LED 灯；当距离小于 15 cm 时，亮 2 个 LED 灯；当距离小于 10 cm 时，亮 3 个 LED 灯；当距离小于 5 cm 时，亮 4 个 LED 灯。5～20 cm 测距误差小于 5 mm 的。利用学习板完成设计					

一、电路设计

二、程序设计思路

任务 8			汽车倒车雷达设计与制作		学　时	4
姓　名		学　号		班　级	日　期	

三、功能测试

四、反思

任务9　汽车串口通信控制器设计与制作

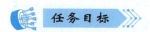

任务目标

知识目标	技能目标	素质目标
能描述单片机串口通信的基本原理与应用	能进行汽车串口通信控制器控制程序的编制、调试、拓展应用	1. 规范操作过程，符合6S管理要求； 2. 具备自主学习、团队协作、认真探究的态度

任务描述

　　通过单片机控制，实现上位机与单片机之间的串口通信，以此模拟汽车串口通信控制系统。设计要求：上位机通过串口助手发送"L1"，控制 LED 灯 L2 点亮；发送"L2"，控制 LED 灯 L3 点亮；发送"L3"，控制 LED 灯 L4 点亮；发送"L4"，控制 LED 灯 L5 点亮；发送"L0"，控制所有 LED 灯熄灭；按下 S1，单片机向上位机发送"T1"；按下 S2，单片机向上位机发送"T2"；按下 S3，单片机向上位机发送"T3"；按下 S4，单片机向上位机发送"T4"。要求在 LCD1602 上显示单片机通过串口接收与发送的数据。

任务实施

1. 电路设计

学习板 TT4 汽车串口通信控制电路 IO 分配如图 9 - 1 所示。

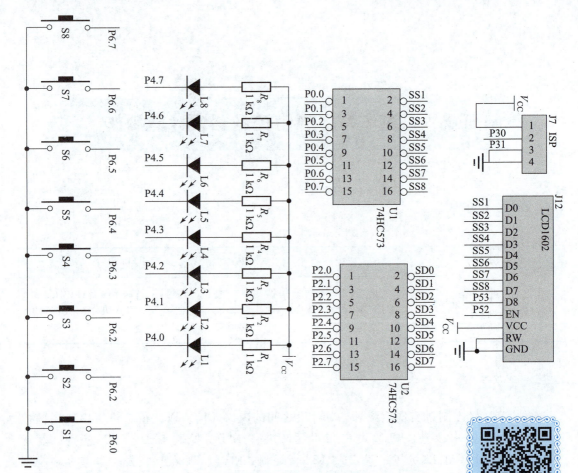

图 9 – 1   学习板 TT4 汽车串口通信控制电路 IO 分配

拓展：汽车串口
通信控制器
设计与制作

2. 源程序

源程序代码如下。

```
#include "STC15F2K60S2.h"
#include <intrins.h>
sbit lcden = P5^2;          //LCD1602 使能端
sbit lcdrs = P5^3;          //LCD1602 寄存器选择
sbit LED1 = P4^0;           //定义输出 LED 灯端口号为 P4.0
sbit LED2 = P4^1;           //定义输出 LED 灯端口号为 P4.1
sbit LED3 = P4^2;           //定义输出 LED 灯端口号为 P4.2
sbit LED4 = P4^3;           //定义输出 LED 灯端口号为 P4.3
sbit KEY1 = P6^0;           //定义按钮端口号为 P6.0
sbit KEY2 = P6^1;           //定义按钮端口号为 P6.1
sbit KEY3 = P6^2;           //定义按钮端口号为 P6.2
sbit KEY4 = P6^3;           //定义按钮端口号为 P6.3
unsigned char r_f[50];//接收缓冲数据
```

```c
unsigned char r_c;          //串口接收计数器
unsigned char table1[16] = "R:              ";   //第一行显示
unsigned char table2[16] = "T:              ";   //第二行显示
//////// 延时 ////////////////////////
void delay(unsigned int x)
{
unsigned int i,j;
    for(i = x;i > 0;i -- )
    {
    for(j = 240;j > 0;j -- );
    }
}
void lcd_write_com(unsigned char com)//LCD1602 写指令
{
    lcdrs = 0;
    P0 = com;
    lcden = 1;
    delay(10);
    lcden = 0;
}
void lcd_write_data(unsigned char dat)//LCD1602 写数据
{
    lcdrs = 1;
    P0 = dat;
    lcden = 1;
    delay(10);
    lcden = 0;
}
//////// 显示程序 ///////////////////
void display()
{
    unsigned char num;
    lcd_write_com(0x80);          ///显示第一行
    for(num = 0;num < 16;num ++ )//显示 16 个字符
    {
    lcd_write_data(table1[num]);
    delay(10);
    }
```

```
            lcd_write_com(0xC0);            ///显示第二行
            for(num =0;num <16;num ++)//显示16个字符
            {
            lcd_write_data(table2[num]);
            delay(10);
            }
}
////LCD1602 初始化////////////////////
void init()
{ delay(1000);
        lcd_write_com(0x38);delay(100);    //显示模式设置
        lcd_write_com(0x08);delay(100);    //显示关闭
        lcd_write_com(0x01);delay(100);    //显示清屏
        lcd_write_com(0x06);delay(100);        //显示光标移动设置
        lcd_write_com(0x0C);delay(100);        //显示开/关及光标设置
}
//串口接收数据清零////////////////
void serial_init()
{
unsigned char i;
for(i =0;i <50;i ++)r_f[i]=0;                       //接收数组清零
r_c =0;                                  //接收计数器清零
}
//串口发送程序////////////////////////
void send(unsigned char d[],unsigned int m)    //发送数组、发送个数
{
unsigned int i;
for(i =0;i <m;i ++)
{
SBUF =d[i];                               //发送1个字节
while(! TI);                              //等待发送结束标志
TI =0;                                   //将发送结束标志清零
}
}
/////中断服务程序////////////////////
void UART1_int( )interrupt 4
{  if(RI)//接收中断标志
    {
```

```
            RI = 0;                         //接收中断标志清零
            r_f[r_c] = SBUF;                 //保存 1 个字节到接收数组中
            if(r_c >= 50)r_c = 0;
            else r_c++;
        }
}
/////////////////////////////////////////
void UartInit(void)                //9600bps@ 22.1184MHz
{
    SCON = 0x50;                   //8 位数据,可变波特率
    AUXR |= 0x40;                  //定时器 1 时钟为 Fosc,即 1T
    AUXR &= 0xFE;                  //串口 1 选择定时器 1 为波特率发生器
    TMOD &= 0x0F;                  //设定定时器 1 为 16 位自动重装方式
    TL1 = 0xC0;                    //设定定时初值
    TH1 = 0xFD;                    //设定定时初值
    ET1 = 0;                       //禁止定时器 1 中断
    TR1 = 1;                       //启动定时器 1
}
void main()
{
unsigned char i;
P0M0 = 0xFF;         //设置 P0 端口为准双向 IO(传统 51 模式)
P0M1 = 0x00;         //设置 P0 端口为准双向 IO(传统 51 模式)
P2M0 = 0x00;         //设置 P1 端口为准双向 IO(传统 51 模式)
P2M1 = 0x00;         //设置 P1 端口为准双向 IO(传统 51 模式)
P4M0 = 0x00;         //设置 P4 端口为准双向 IO(传统 51 模式)
P4M1 = 0x00;         //设置 P4 端口为准双向 IO(传统 51 模式)
delay(100);
UartInit();          //串口设置
ES  = 1;             //允许中断
EA = 1;              //允许全局中断
serial_init();       //串口接收数据清零
init();              //LCD1602 初始化
while(1)
{
display();           //显示
for(i = 0;i < 50;i++)    //检查数组 r_f 中的数据
{
```

```
        if((r_f[i] == '1')&&(r_f[i-1] == 'L'))
        {table1[2] = r_f[i-1];table1[3] = r_f[i];LED1 = 0;serial_init();}
        //数组中有"L1",第 1 行显示"L1",LED1 点亮,串口接收数据清零
        if((r_f[i] == '2')&&(r_f[i-1] == 'L'))
        {table1[2] = r_f[i-1];table1[3] = r_f[i];LED2 = 0;serial_init();}
        //数组中有"L2",第 1 行显示"L2",LED2 点亮,串口接收数据清零
        if((r_f[i] == '3')&&(r_f[i-1] == 'L'))
        {table1[2] = r_f[i-1];table1[3] = r_f[i];LED3 = 0;serial_init();}
        //数组中有"L3",第 1 行显示"L3",LED3 点亮,串口接收数据清零
        if((r_f[i] == '4')&&(r_f[i-1] == 'L'))
        {table1[2] = r_f[i-1];table1[3] = r_f[i];LED4 = 0;serial_init();}
        //数组中有"L4",第 1 行显示"L4",LED4 点亮,串口接收数据清零
        if((r_f[i] == '0')&&(r_f[i-1] == 'L'))
        {table1[2] = r_f[i-1];table1[3] = r_f[i];LED1 = 1;LED2 = 1;LED3 = 1;
LED4 = 1;serial_init();}
        //数组中有"L0",第二行显示"L0",LED 灯全灭,串口接收数据清零
        }
    if(KEY1 == 0)
    {while(KEY1 == 0);table2[2] = 'T';table2[3] = '1';send("T1",2);}
    //检测到按键 1 被按下,第 2 行显示"T1",串口发送"T1"2 个字符。
    if(KEY2 == 0)
    {while(KEY2 == 0);table2[2] = 'T';table2[3] = '2';send("T2",2);}
    //检测到按键 2 被按下,第 2 行显示"T2",串口发送"T2"2 个字符。
    if(KEY3 == 0)
    {while(KEY3 == 0);table2[2] = 'T';table2[3] = '3';send("T3",2);}
    //检测到按键 3 被按下,第 2 行显示"T3",串口发送"T3"2 个字符。
    if(KEY4 == 0)
    {while(KEY4 == 0);table2[2] = 'T';table2[3] = '4';send("T4",2);}
    //检测到按键 4 被按下,第 2 行显示"T4",串口发送"T4"2 个字符。
    }
}
```

3. 功能测试

（1）电路连接是否正确：   是□   否□
（2）程序下载器连接是否正常：   是□   否□
（3）下载程序到目标板是否完成：   是□   否□
（4）按键是否发送数据到串口助手： 是□   否□
（5）串口助手发送数据是否可以控制 LED 灯：是□   否□

4. 画出程序流程图

 知识链接

1. STC15W4K32S4 单片机串口简介

STC15W4K32S4 单片机具有 4 个采用 UART 工作方式的全双工异步串行通信接口（串口 1、串口 2、串口 3 和串口 4）。每个串口由 2 个数据缓冲器、1 个移位寄存器、1 个串行控制寄存器和 1 个波特率生器等组成。每个串口的数据缓冲器由 2 个互相独立的接收、发送缓冲器构成，可以同时发送和接收数据。发送缓冲器只能写入而不能读出，接收缓冲器只能读出而不能写入，因此 2 个数据缓冲器可以共用一个地址码。串口 1 的 2 个数据缓冲器共用的地址码是 99H，串口 2 的 2 个数据缓冲器共用的地址码是 9BH，串口 3 的 2 个数据缓冲器共用的地址码是 ADH，串口 4 的 2 个数据缓冲器共用的地址码是 85H。串口 1 的 2 个数据缓冲器统称串行通信特殊功能寄存器 SBUF，串口 2 的 2 个数据缓冲器统称串行通信特殊功能寄存器 S2BUF，串口 3 的 2 个数据缓冲器统称串行通信特殊功能寄存器 S3BUF，串口 4 的 2 个数据缓冲器统称串行通信特殊功能寄存器 S4BUF。

STC15W4K32S4 单片机的串口 1 有 4 种工作方式，其中两种方式的波特率是可变的，另两种方式的波特率是固定的，以供不同应用场合选用。串口 2、串口 3、串口 4 都只有两种工作方式，这两种工作方式的波特率都是可变的。用户可以用软件设置不同的波特率和选择不同的工作方式。主机可以通过查询或中断方式对接收/发送进行程序处理，使用十分灵活。

STC15W4K32S4 单片机的串口 1 对应的硬件部分是 TxD 和 RxD。串口 1 可以在 3 组引脚之间进行切换。通过设置特殊功能寄存器 AUXR1/P_SW1 中的位 S1_S1/AUXR1.7 和 S1_S0/P_SW1.6，可以将串口 1 从 [RxD/P3.0，TxD/P3.1] 切换到 [RxD_2/P3.6，TxD_2/P3.7]，还可以切换到 [RxD_3/P1.6，TxD_3/P1.7]。

STC15W4K32S4 单片机的串口 2 对应的硬件部分是 TxD2 和 RxD2。串口 2 可以在 2 组引脚之间进行切换。通过设置特殊功能寄存器 P_SW2 中的位 S2_S/P_SW2.0，可以将串口 2 从 [RxD2/P1.0，TxD2/P1.1] 切换到 [RxD2_2/P4.6，TxD2_2/P4.7]。

STC15W4K32S4 单片机的串口 3 对应的硬件部分是 TxD3 和 RxD3。串口 3 可以在 2 组引脚之间进行切换。通过设置特殊功能寄存器 P_SW2 中的位 S3_S/P_SW2.1，可以将串口 3 从 [RxD3/P0.0，TxD3/P0.1] 切换到 [RxD3_2/P5.0，TxD3_2/P5.1]。

STC15W4K32S4 单片机的串口 4 对应的硬件部分是 TxD4 和 RxD4。串口 4 可以在 2 组引脚之间进行切换。通过设置特殊功能寄存器 P_SW2 中的位 S4_S/P_SW2.2，可以将串口 4 从 [RxD4/P0.2，TxD4/P0.3] 切换到 [RxD4_2/P5.2，TxD4_2/P5.3]。

2. 串口 1 的控制寄存器 SCON 和 PCON

STC15W4K32S4 单片机的串口 1 设有 2 个控制寄存器：串行控制寄存器 SCON 和电源控制寄存器 PCON。

串行控制寄存器 SCON 用于选择串行通信的工作方式和某些控制功能，其格式如表 9 – 1 所示。

表 9 – 1　串行控制寄存器 SCON 的格式 （可位寻址）

SFR name	Address	bit	B7	B6	B5	B4	B3	B2	B1	B0
SCON	98H	name	SM0/FE	SM1	SM2	REN	TB8	RB8	TI	RI

SM0/FE：当 PCON 寄存器中的 SMOD0/PCON.6 位为 1 时，该位用于帧错误检测。当检测到一个无效停止位时，通过 UART 接收器设置该位。它必须由软件清零。当 PCON 寄存器中的 SMOD0/PCON.6 位为 0 时，该位和 SM1 一起指定串行通信的工作方式，如表 9 – 2 所示。

表 9 – 2　SM0、SM1 确定串口 1 的工作方式

SM0	SM1	工作方式	功能说明	波特率
0	0	方式0	同步移位串行方式：移位寄存器	当UART_M0x6=0时，波特率是SYSclk/12，当UART_M0x6=1时，波特率是SYSclk/2
0	1	方式1	8位ART，波特率可变	串口 1 用定时器 1 作为其波特率发生器且定时器 1 工作于模式 0(16 位自动重装载模式)或串口 1 用定时器 2 作为其波特率发生器时，波特率 =(定时器 1 的溢出率或定时器 2 的溢出率)/4。注意：此时波特率与 SMOD 无关。当串口 1 用定时器 1 作为其波特率发生器且定时器 1 工作于模式 2(8 位自动重装模式) 时，波特率 = ($2^{SMOD}/32$)×(定时器 1 的溢出率)
1	0	方式2	9位UART	(2SMOD/64)×SYSclk系统工作时钟频率
1	1	方式3	9位ART，波特率可变	当串口1用定时器1作为其波特率发生器且定时器1工作于模式0（16位自动重装载模式）或串口1用定时器2作为其波特率发生器时，波特率=(定时器1的溢出率或定时器2的溢出率)/4。注意：此时波特率与SMOD无关。当串口1用定时器1作为其波特率发生器且定时器1工作于模式2(8位自动重装模式)时，波特率=($2^{SMOD}/32$)×(定时器1的溢出率)

SM2：允许方式2或方式3多机通信控制位。

在使用方式2或方式3时，如果SM2位为1且REN位为1，则接收机处于地址帧筛选状态。此时可以利用接收到的第9位（即RB8）来筛选地址帧：若RB8 = 1，说明该帧是地址帧，地址信息可以进入SBUF，并使RI位为1，进而在中断服务程序中再进行地址号比较；若RB8 = 0，说明该帧不是地址帧，应丢掉且保持RI = 0。在方式2或方式3中，如果SM2位为0且REN位为1，则接收机处于地址帧筛选被禁止状态。不论收到的RB8为0或1，均可使接收到的信息进入SBUF，并使RI = 1，此时RB8通常为校验位。

方式1和方式0是非多机通信方式，在这两种方式中，要设置SM2位为0。

REN：允许/禁止串行接收控制位。由软件置位REN，即REN = 1为允许串行接收状态，可启动串行接收器RxD，开始接收信息。由软件复位REN，即REN = 0，则禁止接收。

TB8：在方式2或方式3中，它为要发送的第9位数据，按需要由软件置位或清零。例如，可用作数据的校验位或多机通信中表示地址帧/数据帧的标志位。在方式0和方式1中，该位不用。

RB8：在方式2或方式3中，它是接收到的第9位数据，作为奇偶校验位或地址帧/数据帧的标志位。在方式0中不用RB8（置SM2 = 0），在方式1中也不用RB8（置SM2 = 0，RB8是接收到的停止位）。

TI：发送中断请求标志位。在方式0中，当串行发送数据第8位结束时，由内部硬件自动置位，即TI = 1，向主机请求中断，响应中断后TI必须用软件清零，即TI = 0。在其他方式中，在停止位开始发送时由内部硬件置位，即TI = 1，响应中断后TI必须用软件清零。

RI：接收中断请求标志位。在方式0中，当串行接收到第8位结束时由内部硬件自动置位RI = 1，向主机请求中断，响应中断后RI必须用软件清零，即RI = 0。在其他方式中，串行接收到停止位的中间时刻由内部硬件置位，即RI = 1，向CPU发中断申请，响应中断后RI必须由软件清零。

SCON寄存器的所有位可通过整机复位信号复位为全"0"。SCON寄存器的字节地址为98H，可位寻址，各位地址为98H～9FH，可用软件实现位设置。

串行通信的中断请求：当一帧发送完成时，内部硬件自动置位TI，即TI = 1，请求中断处理；当接收完一帧信息时，内部硬件自动置位RI，即RI = 1，请求中断处理。由于TI和RI以"或"逻辑关系向主机请求中断，所以主机响应中断时事先并不知道是TI还是RI请求的中断，必须在中断服务程序中查询TI和RI进行判别，然后分别处理。因此，两个中断请求标志位均不能由硬件自动置位，必须通过软件清零，否则将出现一次请求多次响应的错误。

电源控制寄存器PCON中的SMOD/PCON.7用于设置方式1、方式2、方式3中波特率是否加倍。电源控制寄存器PCON的格式如表9-3所示。

表9-3　电源控制寄存器PCON的格式（不可位寻址）

SFR name	Address	bit	B7	B6	B5	B4	B3	B2	B1	B0
PCON	87H	name	SMOD	SMOD0	LVDF	P0F	GF1	GF0	PD	IDL

SMOD：波特率选择位。当用软件置位 SMOD 时，即 SMOD＝1，使方式 1～3 的波特率加倍；当 SMOD＝0 时，各工作方式的波特率不加倍。复位时 SMOD＝0。

SMOD0：帧错误检测有效控制位。当 SMOD0＝1 时，SCON 寄存器中的 SM0/FE 位用于 FE（帧错误检测）功能；当 SMOD0＝0 时，SCON 寄存器中的 SM0/FE 位用于 SM0 功能，和 SM1 一起指定串口的工作方式。复位时 SMOD0＝0。

PCON 寄存器中的其他位都与串口 1 无关，在此不做介绍。

3. 串口数据缓冲寄存器 SBUF

STC15W4K32S4 单片机的串口数据缓冲寄存器 SBUF 的地址是 99H，它实际是 2 个缓冲器，写 SBUF 的操作完成待发送数据的加载，读 SBUF 的操作可获得已接收到的数据。两个操作分别对应两个不同的寄存器，1 个是只写寄存器，1 个是只读寄存器。

串行通道内设有数据寄存器。在所有串行通信方式中，在写入 SBUF 信号的控制下，把数据装入相同的 9 位移位寄存器，前面 8 位为数据字节，其最低位为移位寄存器的输出位。根据不同的工作方式会自动将"1"或 TB8 的值装入移位寄存器的第 9 位并进行发送。

串行通道的接收寄存器是一个输入移位寄存器。在方式 0 中它的字长为 8 位，在其他方式中为 9 位。当一帧接收完毕时，移位寄存器中的数据字节装入串行数据缓冲器 SBUF，其第 9 位则装入 SCON 寄存器中的 RB8 位。如果 SM2 使已接收到的数据无效时，则 RB8 和 SBUF 中的内容不变。

由于接收通道内设有输入移位寄存器和 SBUF 寄存器，所以一帧数据接收完，将数据由移位寄存器装入 SBUF 后，可立即开始接收下一帧数据，主机应在该帧接收结束前从 SBUF 寄存器中将数据取走，否则前一帧数据将丢失。SBUF 寄存器以并行方式将数据送往内部据总线。

4. 辅助寄存器 AUXR

辅助寄存器 AUXR 的格式如表 9 - 4 所示。

表 9 - 4　辅助寄存器 AUXR 的格式（不可位寻址）

SFR name	Address	bit	B7	B6	B5	B4	B3	B2	B1	B0
AUXR	8EH	name	T0x12	T1x12	UART_M0x6	T2R	T2_C/T	T2x12	EXT RAM	S1ST2

T0x12：定时器 0 速度控制位。

（1）T0x12＝0，定时器 0 是传统 8051 速度，12 分频；

（2）T0x12＝1，定时器 0 的速度是传统 8051 的 12 倍，不分频。

T1x12：定时器 1 速度控制位。

（1）T1x12＝0，定时器 1 是传统 8051 速度，12 分频；

（2）T1x12＝1，定时器 1 的速度是传统 8051 的 12 倍，不分频。

如果 UART1/串口 1 用 T1 作为波特率发生器，则由 T1x12 决定 UART1/串口是 12 分频还是不分频。

UART_M0x6：串口模式 0 的通信速度设置位。

（1）UART_M0x6＝0，串口 1 模式 0 的速度是传统 8051 单片机串口的速度，12 分频；

（2）UART_M0x6 = 1，串口 1 模式 0 的速度是传统 8051 单片机串口速度的 6 倍，2分频。

T2R：定时器 2 允许控制位。

（1）T2R = 0，不允许定时器 2 运行；

（2）T2R = 1，允许定时器 2 运行。

T2_C/T：控制定时器 2 用作定时器或计数器。

（1）T2_C/T = 0，用作定时器（对内部系统时钟行计数）；

（2）T2_C/T = 1，用作计数器（对引脚 T2/P3.1 的外部脉冲进行计数）。

T2x12：定时器 2 速度控制位。

（1）T2x12 = 0，定时器 2 是传统 8051 速度，12 分频；

（2）T2x12 = 1，定时器 2 的速度是传统 8051 速度的 12 倍，不分频。

如果串口 1 或串口 2 用 T2 作为波特率发生器，则由 T2x12 决定串口 1 或串口 2 是 12分频还是不分频。

EXTRAM：内部/外部 RAM 存取控制位。

（1）EXTRAM = 0，允许使用逻辑上在片外、物理上在片内的扩展 RAM；

（2）EXTRAM = 1，禁止使用逻辑上在片外、物理上在片内的扩展 RAM。

S1ST2：串口 1（UART1）选择定时器 2 波特率发生器的控制位。

（1）S1ST2 = 0，选择定时器 1 作为串口 1（UART1）的波特率发生器；

（2）S1ST2 = 1，选择定时器 2 作为串口 1（UART1）的波特率发生器，此时定时器 1得到释放，可以作为独立定时器使用。

串口 1 可以选择定时器 1 作为波特率发生器，也可以选择定时器 2 作为波特率发生器。当设置 AUXR 寄存器中的 S1ST2 位（串口波特率选择位）为 1 时，串口 1 选择定时器 2 作为波特率发生器，此时定时器 1 可以释放出来作为定时器/计数器/时钟输出使用。

对于 STC15 系列单片机，串口 2 只能使用定时器 2 作为波特率发生器，不能够选择其他定时器作为波特率发生器；而串口 1 默认选择定时器 2 作为波特率发生器，也可以选择定时器 1 作为波特率发生器；串口 3 默认选择定时器 2 作为波特率发生器，也可以选择定时器 3 作为波特率发生器；串口 4 默认选择定时器 2 作为波特率发生器，也可以选择定时器 4 作为波特率发生器。

5. 定时器 2 的寄存器 T2H、T2L

定时器 2 的寄存器 T2H（地址为 D6H，复位值为 00H）及寄存器 T2L（地址为 D7H，复位值为 00H）用于保存重装时间。

6. 与串口 1 中断相关的寄存器位 ES 和 PS

串口中断允许位 ES 位于中断允许寄存器 IE 中，IE 和 IP 寄存器的格式如表 9 - 5 和表 9 - 6 所示。

表 9 - 5　中断允许寄存器 IE 的格式（可位寻址）

SFR name	Address	bit	B7	B6	B5	B4	B3	B2	B1	B0
IE	A8H	name	EA	ELVD	EADC	ES	ET1	EX1	TE0	EX0

EA：CPU 的总中断允许控制位。

（1）EA = 1，CPU 开放中断；

（2）EA = 0，CPU 屏蔽所有的中断申请。

EA 的作用是使中断允许形成多级控制，即各中断源首先受 EA 控制，其次受各中断源自己的中断允许控制位控制。

ES：串口中断允许位。

（1）ES = 1，允许串口中断；

（2）ES = 0，禁止串口中断。

表 9 - 6　中断优先级控制寄存器 IP 的格式（可位寻址）

SFR name	Address	bit	B7	B6	B5	B4	B3	B2	B1	B0
IP	B8H	name	PPCA	PLVD	PADC	PS	PT1	PX1	PT0	PX0

PS：串口 1 中断优先级控制位。

（1）当 PS = 0 时，串口 1 中断为最低优先级中断（优先级 0）；

（2）当 PS = 1 时，串口 1 中断为最高优先级中断（优先级 1）。

7. 将串口 1 进行切换的寄存器 AUXR1（P_SW1）

AUXR1（P_SW1）寄存器的格式如表 9 - 7 所示，S1_S0 及 S1_S1 控制位说明如表 9 - 8 所示。

表 9 - 7　寄存器 AUXR1（P_SW1）的格式

SFR name	Address	bit	B7	B6	B5	B4	B3	B2	B1	B0
AUXR1 P_SW1	A2H	name	S1_S1	S1_S0	CCP_S1	CCP_S0	SPI_S1	SPI_S0	0	DPS

表 9 - 8　S1_S0 及 S1_S1 控制位说明

S1_S1	S1_S0	串口 1/S1 可以在 3 个地方切换
0	0	串口 1/S1 在 [P3.0/RxD, P3.1/TxD]
0	1	串口 1/S1 在 [P3.6/RxD_2, P3.7/TxD_2]
1	0	串口 1/S1 在 [P1.6/RxD_3, P1.7/TxD_3]
1	1	无效

8. 串口 1 工作方式

STC15 系列单片机的串口有 4 种工作方式，可通过软件编程对 SCON 寄存器中的 SM0、SM1 的设置进行选择。其中方式 1、方式 2 和方式 3 为异步通信，每个发送和接收的字符都带有 1 个启动位和 1 个停止位。在方式 0 中，串口被作为 1 个简单的移位寄存器使用。

9. 串口 1 工作方式 1：8 位 UART 格式，波特率可变

当软件设置 SCON 寄存器的 SM0、SM1 为"01"时，串口 1 则以方式 1 工作。此方式为 8 位 UART 格式，一帧数据为 10 位：1 位起始位、8 位数据位（低位在先）和 1 位停止位。方式 1 的波特率可变，即可根据需要进行设置。TxD/P3.1 为发送数据，RxD/P3.0 为接收端接收数据，串口为全双工接受/发送串口。

（1）方式1的发送过程。以串行通信模式发送数据时，数据由串行发送端 TxD 输出。当主机执行一条写 SBUF 的指令时启动串行通信的发送，写 SBUF 信号还把"1"装入发送移位寄存器的第9位，并通过 TX 控制单元开始发送数据。

（2）方式1的接收过程。当软件置位接收允许标志位 REN，即 REN = 1 时，接收器便以选定波特率的16分频的速率采样串行接收端口 RxD，当检测到 RxD 端口从"1"到"0"的负跳变时就启动接收器准备接收数据，并立即复位16分频计数器，将 1FFH 植装入移位寄存器。复位16分频计数器使它与输入位时间同步。

接收到的数据有效，实现装入 SBUF，停止位进入 RB8，置位 RI，即 RI = 1，向主机请求中断。在响应中断后，必须由软件清零，即 RI = 0。串口工作方式1功能结构示意及接收/发送时序图如图9-2所示。

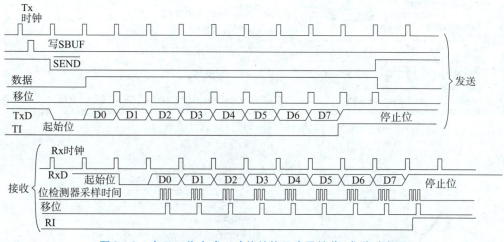

图9-2　串口工作方式1功能结构示意及接收/发送时序图

10. 串口通信初始化程序自动生成

（1）打开 STC - ISP 软件，在右边选择"波特率计算器"选项卡，如图9-3所示。

（2）选择系统频率"22.118 4 MHz"、波特率"9 600"，"UART 选择"选择"串口1"，"UART 数据位"选择"8 位数据"，"波特率发生器"选择"定时器1（16 位自动重载）"，"定时器时钟"选择"1T（FOSC）"，最后单击"生成 C 代码"按钮，软件自动生成用户自定义串口通信初始化程序，如图9-4所示。

11. 串口助手应用

打开 STC - ISP 软件，在右边选择"串口助手"选项卡，如图9-5所示。

接收缓冲区如图9-6所示，选择"文本模式"时，接收缓冲区以文本形式显示接收数据，选择"HEX 模式"时，接收缓冲区以十六进制显示接收数据，单击"清空接收区"按钮时，接收缓冲区被清空，单击"保存接收数据"按钮时，将右边接收缓冲区中的数据保存到本地计算机中。

发送缓冲区如图9-7所示，选择"文本模式"时，发送缓冲区中的数据以文本形式进行发送，选择"HEX 模式"时，发送缓冲区中的数据以十六进制进行发送，单击"清空发送区"时，右边发送缓冲区被清空，单击"保存发送数据"时，将右边发送缓冲区

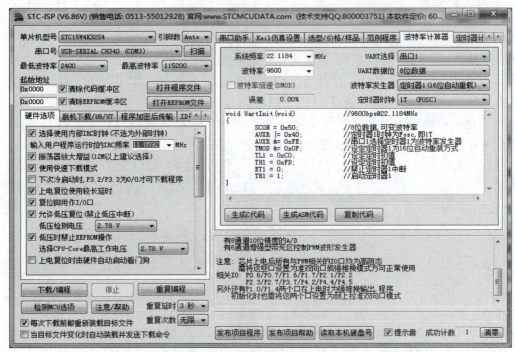

图 9 - 3　选择"波特率计算器"选项卡

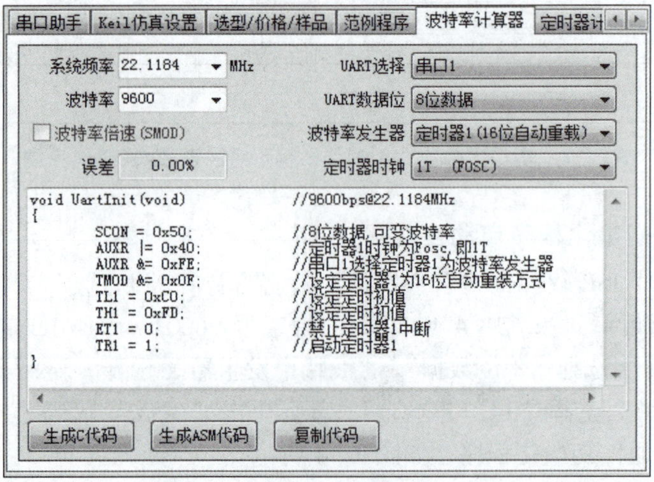

图 9 - 4　生成串口通信初始化程序

中的数据保存到本地计算机中。

　　串口选择 USB 转串口模块在计算机中注册的串口号，可以在 STC - ISP 软件中查询到，如图 9 - 8 所示。

　　如图 9 - 5 所示，"串口"选择"COM3"，"波特率"选择"9600"，"校验位"选择"无校验"，"停止位"选择"1 位"，单击"打开串口"按钮后如图 9 - 9 所示。注意，波特率、校验位、停止位的选择在串口通信时上位机与下位机应一致，否则会接收数据错误。

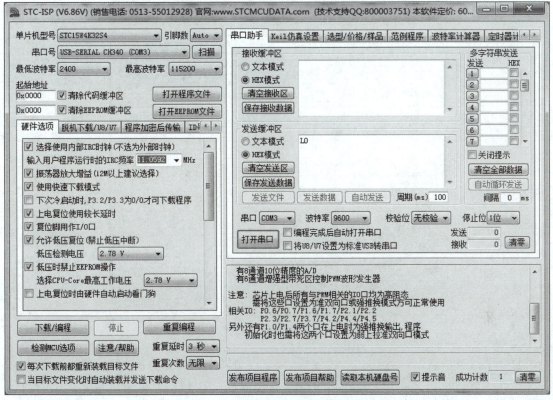

图 9 – 5 选择"串口助手"选项卡

接收缓冲区
- ◎ 文本模式
- ◉ HEX模式
- 清空接收区
- 保存接收数据

图 9 – 6 接收缓冲区

发送缓冲区
- ◎ 文本模式
- ◉ HEX模式
- 清空发送区
- 保存发送数据
- 发送文件 发送数据 自动发送 周期(ms) 100
- 6
- 7
- □ 关闭提示
- 清空全部数据
- 自动循环发送
- 间隔 0 ms
- 串口 COM3 波特率 9600 校验位 无校验 停止位 1位
- 打开串口 □ 编程完成后自动打开串口 发送 0
- □ 将U8/U7设置为标准USB转串口 接收 0 清零

图 9 – 7 发送缓冲区

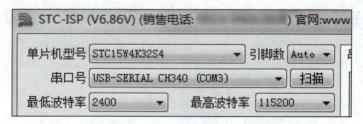

图9-8 查询串口号

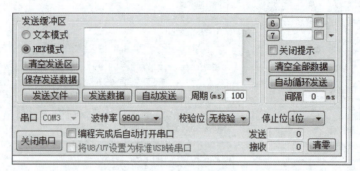

图9-9 打开串口通信

打开串口通信后，"发送文件""发送数据""自动发送"按钮被激活。单击"发送文件"按钮，即可发送文件到下位机；单击"发送数据"按钮，即将发送缓冲区中的内容以文件或十六进制形式发送；单击"自动发送"按钮，即将发送缓冲区中的内容以文件或十六进制形式按周期进行自动发送，发送周期以"周期（ms）"框中的数据为间隔，以图9-9为例即每0.1 s自动发送一次数据。

任务 9	汽车串口通信控制器设计与制作		学　时	4
姓　名		学　号	班　级	日　期
团队成员				
任务要求	设计 LED 灯远程控制系统，发送"LED1"，亮 1 个灯，发送"LED2"，亮 2 个灯，发送"LED3"，亮 3 个灯，发送"LED4"，亮 4 个灯，发送"LED0"，灯全灭。利用学习板完成设计			

一、电路设计

二、程序设计思路

任务 9		汽车串口通信控制器设计与制作				学　时	4
姓　名		学　号		班　级		日　期	

三、功能测试

四、反思

任务 10　万年历设计与制作

 任务目标

知识目标	技能目标	素质目标
能描述 DS1302 的基本组成与应用	能进行万年历控制程序的编制、调试、拓展应用	1. 规范操作过程，符合 6S 管理要求； 2. 具备自主学习、团队协作、认真探究的态度

任务描述

　　利用 PROTUES 仿真软件进行电路设计，通过 KEIL 软件进行单片机程序设计，利用 DS1302 设计一个实时时钟，用 LCD 显示年、月、日、星期、时、分、秒数据信息，并设置功能选择、加、减、确认按键对时钟数据进行调节，调节时相应数据位闪烁。

任务实施

1. 电路设计

万年历仿真示意如图 10 - 1 所示。

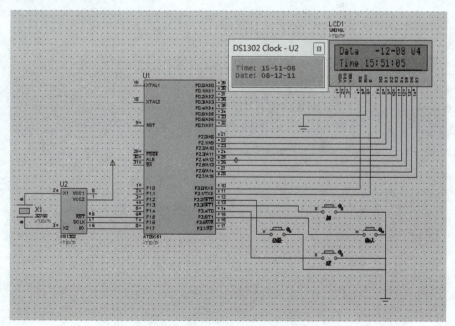

图 10 - 1　万年历仿真示意

2. 源程序

源程序代码如下。

拓展：万年历
设计与制作

```
#include < reg51. h >
#include < intrins. h >
sbit lcden    = P3^1;//LCD1602 使能端
sbit lcdrs    = P3^0;//LCD1602 寄存器选择
sbit sclk     = P1^6;//DS1302 串行时钟
sbit io       = P1^7;//DS1302 数据
sbit rst      = P1^5;//控制端  1 为读写   0 为禁止操作
sbit key_ch = P3^2;//功能选择
sbit key_add = P3^3;//加键
sbit key_sub = P3^4;//减键
sbit key_esc = P3^5;//确认退出
unsigned char table1[16] = "Data 20 -17 -17 W1";//第一行显示数组
unsigned char table2[16] = "Time 16:46:50    ";//第二行显示数组
unsigned char time_data[7] = {0x11,0x04,0x12,0x08,0x15,0x50,0x45};
//year week month date,hour,minute,second
unsigned char  write _addr [7] = {0x8c,0x8a,0x88,0x86,0x84,0x82,
0x80};
//要写入的年星期月日时分秒地址
unsigned char read_addr[7] = {0x8d,0x8b,0x89,0x87,0x85,0x83,0x81};
//要读的年星期月日时分秒地址,把最后一位变成 1 就为读
unsigned char shi,fen,miao;//时 分 秒
unsigned char year,month,day,week;//年 月 日
unsigned int cont;//计数器
unsigned m_s_bit;//秒闪
bit an_jian_bit;   //按键功能选中标志
unsigned char an_jian_cont;//功能位计数
unsigned char key_dat;//按键中间变量
//////////////////////////////////
void delay(unsigned int x)//延时程序
{unsigned int i,j;
    for(i = x;i > 0;i -- )
    {
    for(j = 240;j > 0;j -- );
    }
}
```

```
void lcd_write_com(unsigned char com)//LCD 写命令
{   lcdrs =0;              //指令
    P2 = com;   //转换成并口数据
    lcden =1;             //LCD1602 使能置高
    delay(1);            //适当延时
    lcden =0;            //LCD1602 使能拉低,实现下降沿跳变
}
void lcd_write_data(unsigned char dat)//LCD 写数据
{   lcdrs =1;             //数据
    P2 = dat;   //转换成并口数据
    lcden =1;            //LCD1602 使能置高
    delay(1);           //适当延时
    lcden =0;           //LCD1602 使能拉低,实现下降沿跳变
}
void display()//LCD 显示
{unsigned char num;
    table1[5] =(year >>4) +0x30;   //显示年十位,BCD 码显示高 4 位
    table1[6] =(year&0x0F) +0x30;//显示年个位,BCD 码显示低 4 位
    table1[8] =(month >>4) +0x30;   //显示月十位,BCD 码显示高 4 位
    table1[9] =(month&0x0F) +0x30;//显示月个位,BCD 码显示低 4 位
    table1[11] =(day >>4) +0x30;   //显示日十位,BCD 码显示高 4 位
    table1[12] =(day&0x0F) +0x30;//显示日个位,BCD 码显示低 4 位
    table1[15] =week +0x30;        //显示星期
    table2[5] =(shi >>4) +0x30;    //显示时十位,BCD 码显示高 4 位
    table2[6] =(shi&0x0F) +0x30;   //显示时个位,BCD 码显示低 4 位
    table2[8] =(fen >>4) +0x30;     //显示分十位,BCD 码显示高 4 位
    table2[9] =(fen&0x0F) +0x30;   //显示分个位,BCD 码显示低 4 位
    table2[11] =(miao >>4) +0x30;   //显示秒十位,BCD 码显示高 4 位
    table2[12] =(miao&0x0F) +0x30;//显示秒个位,BCD 码显示低 4 位
    if(an_jian_bit)//根据相应调节位控制秒闪
    {
    switch( an_jian_cont )
    {
    case 1:if(m_s_bit){table1[5] =' ';table1[6] =' ';}break;//年闪
    case 2:if(m_s_bit){table1[8] =' ';table1[9] =' ';}break;//月闪
    case 3:if(m_s_bit){table1[11] =' ';table1[12] =' ';}break;//
日闪
    case 4:if(m_s_bit){table1[15] =' ';}break;              //星期闪
```

```c
        case 5:if(m_s_bit){table2[5] = ' ';table2[6] = ' ';}break;//时闪
        case 6:if(m_s_bit){table2[8] = ' ';table2[9] = ' ';}break;//分闪
        case 7:if(m_s_bit){table2[11] = ' ';table2[12] = ' ';} break;//秒闪
        }
    }
    lcd_write_com(0x80);                  //第一行显示指令
    for(num =0;num <16;num ++)
    {
    lcd_write_data(table1[num]);    //第一行显示16个字符
    delay(1);
    }
    lcd_write_com(0x80 +0x40);       //第二行显示指令
    for(num =0;num <16;num ++)
    {
    lcd_write_data(table2[num]);    //第二行显示16个字符
    delay(1);
    }
}
void init()//LCD 初始化
{
    lcd_write_com(0x38);delay(10);//显示模式设置
    lcd_write_com(0x08);delay(10);   //显示关闭
    lcd_write_com(0x01);delay(10);   //显示清屏
    lcd_write_com(0x06);delay(10);   //显示光标移动设置
    lcd_write_com(0x0C);delay(10);   //显示开/关及光标设置
}
//DS1302 写一个字节
void ds1302_write_byte(unsigned char dat)
{
 unsigned char i;
 for(i =0;i <8;i ++)                  //串行 bit 写入
 {
 sclk =0;
 io = dat&0x01;                       //先写最低位,与 0x01
 dat = dat >>1;                       //数据左移一位
 sclk =1;                             //时钟拉高
 }
```

```
}
///写 1302 数据
void ds1302_write(unsigned char addr,unsigned char dat)
{
  rst = 0;                        //延时一会
  sclk = 0;
  rst = 1;                        //拉高准备写入
  ds1302_write_byte(addr);    //first write address
  ds1302_write_byte(dat);
  rst = 0;                        //置低,写保护
  io = 1;
  sclk = 1;                       //释放总线
}
//读取 1302 数据
unsigned char ds1302_read(addr)
{
unsigned char i,value;
  rst = 0;
  sclk = 0;
  rst = 1;
  ds1302_write_byte(addr);    //write address
  for(i = 0;i < 8;i ++ )          //循环读取 8 位
  {
   value = value >>1;
   sclk = 0;
   if(io)                        //数据口为高
   value = value |0x80;          //当前位置 1   或运算
   sclk = 1;
  }
  rst = 0;
  sclk = 0;
  sclk = 1;
  io = 1;                        //释放 bus
  return value;                  //返回数据
}
//1302 设置时间
void ds1302_set_rtc()    //设置 1302 数据
{
```

```
 unsigned char i;
 ds1302_write(0x8e,0x00);//去除写保护,准备写入数据
 for(i =0;i <7;i ++)
 {
 ds1302_write(write_addr[i],time_data[i]);
 }
 ds1302_write(0x8e,0x80);//设置时间完成,加上写保护
}
//1302 读取时间
void ds1302_read_rtc()    //1302 读取时间
{
 unsigned char i;
 for(i =0;i <7;i ++)
 {
  time_data[i] =ds1302_read(read_addr[i]);       //读取时间
  //此刻读回来的数据为 BCD 码
 }
}
void time0()interrupt 1              //11.0592MHz 100μs
{
THO =0xFF;TLO =0xA4;
if(cont <5000)cont ++;
else {cont =0;m_s_bit = ~m_s_bit;}   //产生秒闪信号
}
void an_jian_test()              //按键检测程序
{
unsigned char a_1,a_2;
if(key_ch ==0)                 //功能键
{
while(key_ch ==0);
an_jian_bit =1;
an_jian_cont ++;
if(an_jian_cont >=8)an_jian_cont =1;//功能键计数   7-7
    switch(an_jian_cont)
    {
        case 1:key_dat =year;  break;//将数据根据功能位送至中间变量
        case 2:key_dat =month;break;
        case 3:key_dat =day;    break;
```

```c
        case 4:key_dat = week;   break;
        case 5:key_dat = shi;    break;
        case 6:key_dat = fen;    break;
        case 7:key_dat = miao;   break;
    }
}
if(key_esc == 0)//确认退出,并修改时钟数据
{
while(key_esc == 0);
an_jian_bit = 0;an_jian_cont = 0;
time_data[0] = year;
time_data[1] = week;
time_data[2] = month;
time_data[3] = day;
time_data[4] = shi;
time_data[5] = fen;
time_data[6] = miao;
ds1302_set_rtc();//设置数据
}
if(an_jian_bit)//仅在按键功能被选中后加、减按键才有效
    {
    if(key_add == 0)//加操作
    {
    while(key_add == 0);
  if(key_dat < 0x99)
    {
    a_2 = key_dat >> 4;//BCD 码操作
    a_1 = key_dat&0x0F;
    a_1 ++;
    if(a_1 >= 10){a_1 = 0;a_2 ++;}
    if(a_2 >= 10){a_2 = 0;}
    a_2 = a_2 << 4;
    key_dat = a_2 |a_1;
    }
  }
    if(key_sub == 0)                    //减操作
    {
    while(key_sub == 0);
```

```
        if( key_dat >=0x01)
        {
        a_2 = key_dat >>4;              //BCD 码操作
        a_1 = key_dat&0x0F;
        a_7 --;
        if(a_1 ==255){a_1 =9;a_7 --;}   //0 -1 =255
        if(a_2 ==255){a_2 =9;}
        a_2 = a_2 <<4;
        key_dat =a_2 |a_1;
        }
        }
    }
}
void main()
{
init();                          //LCD1602 初始化
TMOD =0x01;
TH0 =0xFF;
TL0 =0xA4;
ET0 =1;
TR0 =1;
EA =1;
ds1302_set_rtc();                //设置 DS1302 时钟
while(1)
{
if(an_jian_bit ==0)              //按键功能未被选中
{
ds1302_read_rtc();              //读时钟信息
year =time_data[0];
week =time_data[1];
month =time_data[2];
day =   time_data[3];
shi =   time_data[4];
fen =   time_data[5];
miao =time_data[6];
}
else                            //按键功能选中
{
```

```
switch(an_jian_cont)
//根据计数选择将加、减数据赋值相应位,大小限制
{
case 1:year = key_dat;break;
case 2:if(key_dat >= 0x13 || key_dat == 0) key_dat = 1;month = key_dat;
break;
    //避免调节时出现 0
case 3:if(key_dat >= 0x32 || key_dat == 0) key_dat = 1;day = key_dat;
break;
    //避免调节时出现 0
case 4:if(key_dat >= 0x08 || key_dat == 0) key_dat = 1;week = key_dat;
break;
    //避免调节时出现 0
case 5:if(key_dat >= 0x24) key_dat = 0;shi = key_dat;break;
case 6:if(key_dat >= 0x60) key_dat = 0;fen = key_dat;break;
case 7:if(key_dat >= 0x60) key_dat = 0;miao = key_dat;break;
}
}
an_jian_test();//按键检测程序
display();      //显示
}
}
```

3. 功能测试

(1) 电路连接是否正确: 是□   否□
(2) LCD1602 显示是否正确: 是□   否□
(3) "秒" 是否可调: 是□   否□
(4) "分" 是否可调: 是□   否□
(5) "时" 是否可调: 是□   否□
(6) "日" 是否可调: 是□   否□
(7) "月" 是否可调: 是□   否□
(8) "年" 是否可调: 是□   否□

4. 画出程序流程图

知识链接

1. DS1302 描述

DS1302 时钟芯片是由美国 DALLAS 公司推出的具有涓细电流充电能力的低功耗实时时钟芯片。它可以对年、月、日、周、时、分、秒进行计时，且具有闰年补偿等多种功能。DS1302 包含一个用于存储实时时钟/日历的 31 字节的静态 RAM，可通过简单的串口与微处理器通信，将当前的时钟存储于 RAM。DS1302 对于少于 31 天的月份在月末会自动调整，并会自动对闰年进行校正。由于 DS1302 有一个 AM/PM 指示器，所以时钟可以工作在 12 小时制或者 24 小时制。

2. 芯片参数

1）芯片特点

实时时钟计算年、月、日、时、分、秒、星期，直到 2100 年，并有闰年调节功能。

（1）具有 31×8 位通用暂存 RAM。

（2）采用串行输入/输出，使引脚数最少。

（3）可进行 $2.0 \sim 5.5$ V 宽电压范围操作，在 2.0 V 时工作电流小于 300 nA。

（4）读写时钟或 RAM 数据时有单字节或多字节（脉冲串模式）数据传送方式。

（5）8 引脚 DIP 封装或可选的 8 引脚表面安装 SO 封装。

（6）采用简单的三线接口。

（7）与 TTL 兼容（$V_{CC} = 5$ V）。

（8）可选的工业温度范围：$-40 \sim +85$ ℃。

2）引脚说明

DS1302DIP 封装及引脚功能如图 10 - 2 所示。

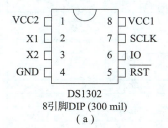

VCC2	工作电源
GND	电源地
VCC1	后备电源
SCLK	时钟信号
IO	数据输入/输出
RST	复位信号/片选信号

图 10 - 2 DS1302DIP 封装及引脚功能

（a）DIP 封装；（b）引脚功能

DS1302 采用的是三线接口的双向数据通信接口，RST 是片选引脚，低电平有效；SCLK 是时钟芯片，为通信提供时钟源；IO 为数据输入/输出引脚，用于传输及接收数据。DS1302 还采用了双电源供电模式，VCC1 连接到备用电源，在 VCC2 主电源失效时保持时间和日期数据。

3. 参考电路

DS1302 参考电路如图 10 - 3 所示。

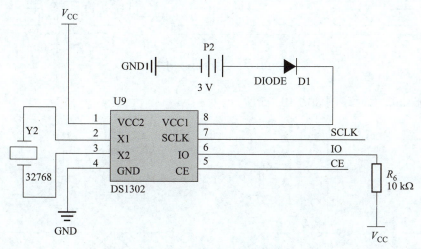

图 10 - 3 DS1302 参考电路

图中 Y2 为 32.768 kΩ 外部晶振，用于为芯片提供时钟源；P2 为备用电池，用于保证在主电源掉电后，芯片仍可继续运行；D1 为二极管，用于保证电压的单向导通，防止主电源电压过高烧坏备用电池；R_6 为上拉电阻，用于增强信号传输的稳定性。

4. 控制程序

（1）时钟数据的读写地址如表 10 - 1 所示。

表 10-1 时钟数据的读写地址

读	写	B7	B6	B5	B4	B3	B2	B1	B0	范围
81H	80H	CH	10秒			秒				00~59
83H	82H	10分				分				00~59
85H	84H	12√24	0	$\dfrac{10}{\text{AM/PM}}$	时	时				1~12/0~23
87H	86H	0	0	10星期		星期				1~31
89H	88H	0	0	0	10月	月				1~12
8BH	8AH	0	0	0	0	0	日			1~7
8DH	8CH	10年				年				00~99
8FH	8EH	WP	0	0	0	0	0	0	0	—
91H	90H	TCS	TCS	TCS	TCS	DS	DS	RS	RS	—

DS1302 的时钟数据的读和写地址中，读地址：0x81（秒），0x83（分），0x85（时），0x87（日），0x89（月），0x8b（星期），0x8d（年）；写地址：0x80（秒），0x82（分），0x84（时），0x86（日），0x88（月），0x8a（星期），0x8c（年）。

（2）DS1302 读时序图如图 10-4 所示。

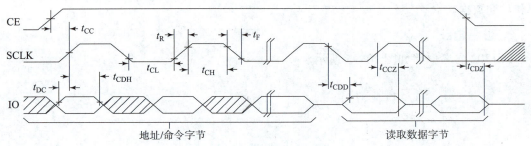

图 10-4 DS1302 读时序图

（3）DS1302 写时序图如图 10-5 所示。

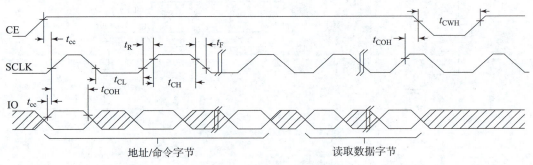

图 10-5 DS1302 写时序图

任务 10		万年历设计与制作			学　时	2
姓　名		学　号		班　级	日　期	
团队成员						
任务要求		设计一个万年历，要求显示年、月、日、时、分、秒、星期、温度、阴历信息，并能对相应年、月、日、时、分、秒进行调节。利用 PROTEUS 软件完成设计				

一、电路设计

二、程序设计思路

任务 10			万年历设计与制作		学　时	2
姓　名		学　号		班　级	日　期	

三、功能测试

四、学习反思

任务 11 循迹小车设计与制作

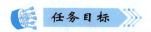
知识目标	技能目标	素质目标
能描述黑线循迹的基本原理与应用	能进行循迹小车控制程序的编制、调试、拓展应用	1. 规范操作过程，符合 6S 管理要求； 2. 具备自主学习、团队协作、认真探究的态度

任务描述

通过单片机控制，检测 J15 端口上接的自动循迹传感器反馈的黑线信息，以控制小车按黑线循迹，以此模拟汽车自动循迹系统。设计要求：当 J15 端口上的 X1、X2 检测到黑线信息时，L1、L2 点亮，小车左转；当 X3、X4 检测到黑线信息时，L3、L4 点亮，小车右转；当未检测到黑线信息时，L1、L2、L3、L4 熄灭，小车直行。通过本任务的学习，要求学习者能进行循迹小车控制电路的设计及程序编制。

任务实施

1. 电路设计

学习板 TT4 循迹小车控制电路 IO 分配如图 11-1 所示。

J15 端口与 PT-100D 模块连接，拥有 1 路碰撞传感器、4 路循迹传感器、2 路大功率 LED 灯控制电路。4 路循迹传感器探测到黑线信息时输出低电平，否则输出高电平。J15 端口中的 X1、X2、X3、X4、L1、L2 对应 PT-100D 模块的 OUT1、OUT2、OUT3、OUT4、LED1、LED2。

拓展：循迹小车设计与制作

2. 源程序

源程序代码如下。

```
#include "STC15F2K60S2.h"
sbit M1_1 = P7^6;                    //定义电动机 1 端口
sbit M1_2 = P7^7;                    //定义电动机 1 端口
```

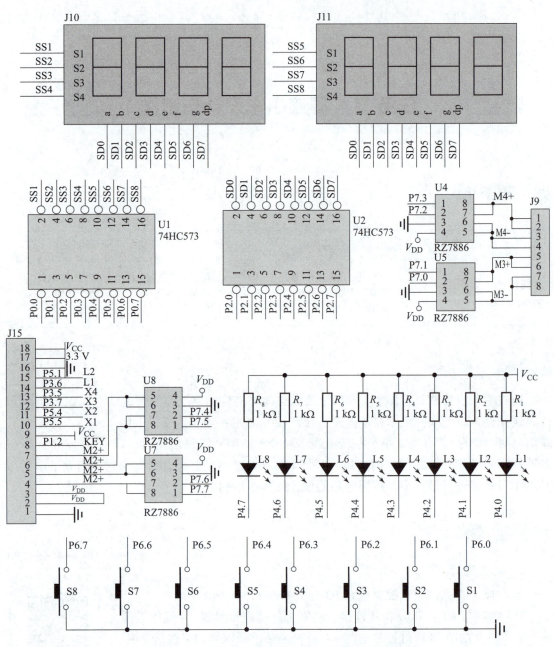

图 11 –1　学习板 TT4 循迹小车控制电路 IO 分配

```
sbit M2_1 = P7^5;          //定义电动机2端口
sbit M2_2 = P7^4;          //定义电动机2端口
sbit M3_1 = P7^1;          //定义电动机3端口
sbit M3_2 = P7^0;          //定义电动机3端口
sbit M4_1 = P7^2;          //定义电动机4端口
sbit M4_2 = P7^3;          //定义电动机4端口
```

```c
sbit X1 = P5^5;                    //定义循迹检测 1
sbit X2 = P5^4;                    //定义循迹检测 2
sbit X3 = P3^7;                    //定义循迹检测 3
sbit X4 = P3^6;                    //定义循迹检测 4
sbit L1 = P4^0;                    //定义 LED 指示灯 1
sbit L2 = P4^1;                    //定义 LED 指示灯 2
sbit L3 = P4^2;                    //定义 LED 指示灯 3
sbit L4 = P4^3;                    //定义 LED 指示灯 4
unsigned char cont,PWM_CONT;       //PWM 计数器
bit pwm_out;//PWM 输出
void delay(unsigned int i)/////延时子程序
{
unsigned int j,k;
    for(j = 0;j < i;j ++)
      for(k = 0;k < 120;k ++);
}
 void timer()interrupt 1          ///定时器 0 服务子程序
 {
  TH0 = 0xFF;                      //100μs
  TL0 = 0x48;
  cont ++;
  if(cont >= 100)         //PWM 控制
  {cont = 0;pwm_out = 0;}
  if(cont >= (100 - PWM_CONT))pwm_out = 1;
  else                       pwm_out = 0;
 }
/////////定时器初始化子程序//////////////////////////////
void Timer0Init(void)//100μs@ 22.1184MHz
{
    AUXR & = 0x7F;//定时器时钟 12T 模式
    TMOD & = 0xF0;//设置定时器模式
    TMOD |= 0x01;//设置定时器模式
    TL0 = 0x48;//设置定时初值
    TH0 = 0xFF;//设置定时初值
    TF0 = 0;//清除 TF0 标志
    TR0 = 1;//定时器 0 开始计时
}
//主程序
```

```c
void main()
{
P0M0 = 0x00;    //设置 P0 端口为准双向 IO(传统 51 模式)
P0M1 = 0x00;    //设置 P0 端口为准双向 IO(传统 51 模式)
P2M0 = 0x00;    //设置 P2 端口为准双向 IO(传统 51 模式)
P2M1 = 0x00;    //设置 P2 端口为准双向 IO(传统 51 模式)
P4M0 = 0x00;    //设置 P4 端口为准双向 IO(传统 51 模式)
P4M1 = 0x00;    //设置 P4 端口为准双向 IO(传统 51 模式)
Timer0Init();    //调用定时器 0 初始化子程序
ET0 = 1;            //允许 T0 中断
EA = 1;            //打开总中断
PWM_CONT = 10;
while(1)
{
if(X1 == 1)    //循迹检测 1 检测到黑线信息
{
L1 = 0;M1_1 = 0;M1_2 = pwm_out;M2_1 = pwm_out;M2_2 = 0;M3_1 = 0;
M3_2 = pwm_out;M4_1 = pwm_out;M4_2 = 0;PWM_CONT = 20;}    //小车原地左转
else if(X2 == 1)//循迹检测 2 检测到黑线信息
{L2 = 0;M1_1 = 0;M1_2 = 0;M2_1 = pwm_out;M2_2 = 0;
M3_1 = 0;M3_2 = 0;M4_1 = pwm_out;M4_2 = 0;PWM_CONT = 20;
}//小车左转
else if(X3 == 1)//循迹检测 3 检测到黑线信息
{L3 = 0;M1_1 = pwm_out;M1_2 = 0;M2_1 = 0;M2_2 = 0;
M3_1 = pwm_out;M3_2 = 0;M4_1 = 0;M4_2 = 0;PWM_CONT = 20;
}//小车右转
else if(X4 == 1)//循迹检测 4 检测到黑线信息
{L4 = 0;M1_1 = pwm_out;M1_2 = 0;M2_1 = 0;M2_2 = pwm_out;M3_1 = pwm_out;
M3_2 = 0;M4_1 = 0;M4_2 = pwm_out;PWM_CONT = 20;
}//小车原地右转
else//所有循迹检测均未检测到黑线信息
{L1 = 1;L2 = 1;L3 = 1;L4 = 1;PWM_CONT = 15;
    M1_1 = pwm_out;M1_2 = 0;M2_1 = pwm_out;M2_2 = 0;M3_1 = pwm_out;M3_2
= 0;
    M4_1 = pwm_out;M4_2 = 0;//小车直行
}
}
}
```

3. 功能测试

（1）电路连接是否正确： 是□ 否□

（2）程序下载器连接是否正常： 是□ 否□

（3）下载程序到目标板是否完成： 是□ 否□

（4）是否完成循迹功能： 是□ 否□

4. 画出程序流程图

知识链接

1. PT－100D 模块介绍

PT－100D 模块外形如图 11－2 所示。

PT－100D 专门设计用作黑（白）线检测的传感器，特别适合复杂黑白线、交叉黑白线的检测，它有 4 路高灵敏度的红外传感器，能够对黑白线进行准确的识别。PT－100D 模块的功能和特点如下。

（1）PT－100D 利用集成运算放大器实现 4 路循迹，适合复杂黑线（白线）的跟踪。

（2）PT－100D 每路循迹单元独立设计，每个单元配备电位器对检测距离进行单独调节。

（3）PT－100D 有一个专门设计的触碰传感器，这使有这方面需求的机器人设计更加简便。

（4）PT－100D 输出信号全部为数字信号，方便与单片机连接。

（5）PT－100D 全部传感器都有 LED 灯作为指示，方便调试。

（6）PT－100D 支持电压为 3.0～5.5 V，可满足大多数系统需求。

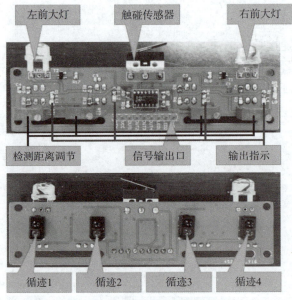

左前大灯　　　触碰传感器　　　右前大灯

检测距离调节　　　信号输出口　　　输出指示

循迹1　　　循迹2　　　循迹3　　　循迹4

图 11 - 2　PT - 100D 模块外形

（7）PT - 100D 支持两路大功率 LED 大灯控制功能。

2. PT - 100D 引脚说明

KEY：触碰开关输出，有触碰动作时输出高电平，没有触碰动作时输出低电平。

VCC：模块电源正极输入，输入电压范围为 3.0 ~ 5.5 v。

OUT1：SS1 传感器输出（探测到黑线信息时输出高电平，探测到白线信息时输出低电平）。

OUT2：SS2 传感器输出（探测到黑线信息时输出高电平，探测到白线信息时输出低电平）。

OUT3：SS3 传感器输出（探测到黑线信息时输出高电平，探测到白线信息时输出低电平）。

OUT4：SS4 传感器输出（探测到黑线信息时输出高电平，探测到白线信息时输出低电平）。

LED1：左前大灯控制，高电平有效，最大控制电压为 40 V，最大控制电流为 0.5 A。

LED2：右前大灯控制，高电平有效，最大控制电压为 40 V，最大控制电流为 0.5 A。

GND：模块地输入，通入电源负极。

3. 循迹原理

1）反射式光电传感器

反射式光电传感器如图 11 - 3 所示，蓝色部分为红外发光二极管，黑色部分为红外光敏三极管。红外发光二极管发出 940 nm 波长的红外光经

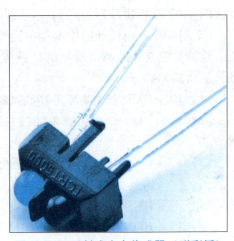

图 11 - 3　反射式光电传感器（附彩插）

物体反射后被红外光敏三极管接收。物体表面颜色不同，反射光强不同，反射光越强，红外光敏三极管电阻越小，其两端电压会随其电阻变化，以此反映物体表面光反射强度——灰度，故它也叫作灰度传感器。

2）反射式光电模块

红外光敏三极管两端变化的电压是模拟量，不方便测量。PT - 100D 模块通过电压比较芯片能将变化的电压转换为 0 或 1 的高低电平的逻辑信号，便于单片机识别，PT - 100D 模块上的电位器能调节 PT - 100D 模块对反射光的灵敏度，使其根据需要输出高/低电平。反射式光电模块如图 11 - 4 所示。

图 11 - 4　反射式光电模块

3）调节方法

将传感器安装于小车车身，将小车平放于跑道上，使所有循迹传感器指示灯点亮，移动车身使传感器平移经过黑线，传感器在黑线上时该路传感器指示灯熄灭，则调节传感器成功。若该路传感器指示灯无变化，则将该路传感器置于黑线上，调节电位器使指示灯熄灭。同理，调节其他传感器，使其在检测到黑线信息后改变原输出电平。

4. 寻迹算法

1）双传感器

安装双传感器的小车行驶在图 11 - 5 所示道路上。

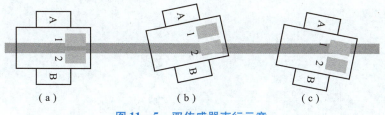

图 11 - 5　双传感器直行示意

在图 11 - 5（a）中，传感器 1 检测为白，传感器 2 检测为白，电动机 A 转动，电动机 B 转动，小车直行。

在图 11 - 5（b）中，传感器 1 检测为白，传感器 2 检测为黑，电动机 A 转动，电动机 B 停止，小车右转前进。

在图 11 - 5（c）中，传感器 1 检测为黑，传感器 2 检测为白，电动机 A 停，电动机 B 转动，小车左转前进。

2）三传感器

安装三传感器的小车行驶在图 11 – 6 所示道路上。

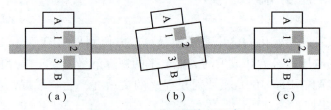

图 11 – 6　三传感器直行示意

在图 11 – 6（a）中，传感器 1 为白，传感器 3 为白，传感器 2 为黑，小车直行。

在图 11 – 6（b）中，传感器 1 为白，传感器 3 为黑，传感器 2 为黑，小车右转前进。

在图 11 – 6（c）中，传感器 1 为白，传感器 3 为白，传感器 2 为白，检测到断线。

任务 11	循迹小车设计与制作		学 时	4
姓 名	学 号	班 级	日 期	
团队成员				
任务要求	要求设计一个循迹小车，能检测十字路口和分叉路口，在十字路口要求小车直行，在分叉路口要求小车向右边道路前进			

一、电路设计

二、程序设计思路

任务 11	循迹小车设计与制作		学　时	4
姓　名		学　号	班　级	日　期

三、功能测试

反思

任务 12　无线小车设计与制作

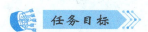任务目标

知识目标	技能目标	素质目标
能描述 315 MHz 无线遥控器的基本组成与应用	能进行无线小车控制程序的编制、调试、拓展应用	1. 规范操作过程，符合 6S 管理要求； 2. 具备自主学习、团队协作、认真探究的态度

任务描述

通过单片机控制，利用 315 MHz 无线遥控器上的按键控制电动小车前进、后退、左转、右转、加速和减速。设计要求：按下无线遥控器"1"键，速度增加；按下无线遥控器"2"键，速度减小；按下无线遥控器"3"键，左转，左转车灯亮；按下无线遥控器"4"键，右转，右转车灯亮；按下无线遥控器"5"键，前进；按下无线遥控器"6"键，后退；按下无线遥控器"7"键，打开车灯；按下无线遥控器"8"键，关闭车灯；LCD1602第一行显示无线解码数据，第二行显示速度值；速度调节和车灯控制时扬声器发确认音（长滴 1 声），速度调节到最大和最小时发超范围音（滴–滴–滴）；LED 灯显示当前无线遥控器键值。通过本任务的学习，要求学习者能进行无线遥控电路的设计及程序编制。

任务实施

1. 电路设计

学习板 TT4 无线小车控制电路 IO 分配如图 12 – 1 所示。

315 MHz 无线遥控器如图 12 – 2 所示。

2. 源程序

源程序代码如下。

任务 12　无线小车设计与制作

```
//315MHz 无线遥控器按键对应 D[2]数据:
//1 - C0;2 - 30;3 - F0;4 - 0C;5 - CC;6 - 3C;7 - FC;8 - 03
#include "STC15F2K60S2.h"
```

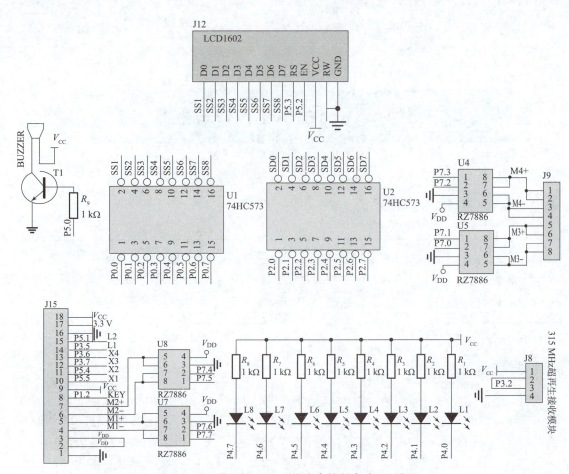

图 12 – 1　学习板 TT4 无线小车控制电路 IO 分配

图 12 – 2　315 MHz 无线遥控器

```
unsigned char table1[16] = "J:0x00,0x00,0x00";//第一行显示无线遥控解
码数据
unsigned char table2[16] = "SPEED:          ";//第二行显示速度数据
sbit lcden = P5^2;        //LCD1602 使能端
sbit lcdrs = P5^3;        //LCD1602 寄存器选择
sbit wux = P3^2;          //超再生 315MHz 接收数据口
```

```c
sbit L2 = P5^1;            //定义大功率右灯端口
sbit L1 = P3^5;            //定义大功率左灯端口
sbit ST = P5^0;            //定义蜂鸣器端口
sbit M1_1 = P7^6;          //定义电动机 1 端口
sbit M1_2 = P7^7;          //定义电动机 1 端口
sbit M2_1 = P7^5;          //定义电动机 2 端口
sbit M2_2 = P7^4;          //定义电动机 2 端口
sbit M3_1 = P7^1;          //定义电动机 3 端口
sbit M3_2 = P7^0;          //定义电动机 3 端口
sbit M4_1 = P7^2;          //定义电动机 4 端口
sbit M4_2 = P7^3;          //定义电动机 4 端口
unsigned char flag,flag1,flag2;        //定义无线解码相应标志位
unsigned char D[4] = {0x55,0x55,0xFC};  //无线解码接收数据存放数组
unsigned char QD[3];                   //无线解码确认数据存放数组
unsigned char SPEED;                   //速度控制
unsigned char time_count = 0;          //无线解码计数
unsigned char cont;                    //PWM 计数器
unsigned int m_s,m_f;                  //定义无线遥控器按键间隔计数器
bit pwm_out;                           //PWM 输出
bit qian_jin_bit = 0;                  //前进标志
bit hou_tui_bit = 0;                   //后退标志
bit zuo_zhuan_bit = 0;                 //左转标志
bit you_zhuan_bit = 0;                 //右转标志
bit time_bit = 0;                      //无线解码计数标志
bit jia_bit = 0;                       //速度加标志
bit jian_bit = 0;                      //速度减标志
/////延时子程序
void delay(unsigned int i)
{
  unsigned int j,k;
    for(j = 0;j < i;j ++)
     for(k = 0;k < 120;k ++);
}
void lcd_write_com(unsigned char com)  //LCD1602 写指令
{  lcdrs = 0;
    P0 = com;
    lcden = 1;
    delay(10);
```

```
        lcden = 0;
    }
    void lcd_write_data(unsigned char dat)      //LCD1602 写数据
    {
        lcdrs = 1;
        P0 = dat;
        lcden = 1;
        delay(10);
        lcden = 0;
    }
    void display()                          //LCD1602 显示子程序
    {
    unsigned char num;
    table2[6] = SPEED + 48;                     //速度值转成 ASCII 码值
    //接收数据显示 ////////////////////////////
    if((QD[0]/16) <= 9) table1[4] = QD[0]/16 + 48;      //十六进制转成 ASCII
码值
        else              table1[4] = QD[0]/16 + 55;       //十六进制转成 ASCII
码值
    if((QD[0]%16) <= 9) table1[5] = QD[0]%16 + 48;      //十六进制转成 ASCII
码值
        else              table1[5] = QD[0]%16 + 55;      //十六进制转成 ASCII
码值

    if((QD[1]/16) <= 9) table1[9] = QD[1]/16 + 48;       //十六进制转成 ASCII
码值
        else              table1[9] = QD[1]/16 + 55;       //十六进制转成 ASCII
码值
    if((QD[1]%16) <= 9) table1[10] = QD[1]%16 + 48;      //十六进制转成 ASCII
码值
        else              table1[10] = QD[1]%16 + 55;      //十六进制转成 ASCII
码值

    if((QD[2]/16) <= 9) table1[14] = QD[2]/16 + 48;       //十六进制转成 ASCII
码值
        else              table1[14] = QD[2]/16 + 55;      //十六进制转成 ASCII
码值
    if((QD[2]%16) <= 9) table1[15] = QD[2]%16 + 48;      //十六进制转成 ASCII
码值
```

```c
    else              table1[15] = QD[2]%16 + 55;    //十六进制转成 ASCII
码值
    lcd_write_com(0x80);     //第一行显示指令
    for(num = 0;num < 16;num ++)
    {
    lcd_write_data(table1[num]);    //第一行显示 16 个字符
    delay(10);
    }
    lcd_write_com(0x80 + 0x40);    //第二行显示指令
    for(num = 0;num < 16;num ++)
    {
    lcd_write_data(table2[num]);    //第二行显示 16 个字符
    delay(10);
    }
}
void init()
{
    delay(1000);
    lcd_write_com(0x38);delay(100);    //显示模式设置
    lcd_write_com(0x08);delay(100);    //显示关闭
    lcd_write_com(0x01);delay(100);    //显示清屏
    lcd_write_com(0x06);delay(100);    //显示光标移动设置
    lcd_write_com(0x0C);delay(100);    //显示开/关及光标设置
}
///定时器 0 服务子程序
 void timer()interrupt 1
 {
  TH0 = 0xFF;TL0 = 0x48;            //100μs
 if(time_bit == 1)time_count ++;    //无线解码计数用
cont ++;
m_s ++;
m_f ++;
//////////////////////// PWM 控制
if(cont >= 100)
{cont = 0;pwm_out = 0;}
  if(cont >= (100 - (SPEED* 10))) pwm_out = 1;
  Else   pwm_out = 0;
//车辆前、后、左、右控制
```

```
if(qian_jin_bit)
    {
    M1_1 = pwm_out;M1_2 = 0;M2_1 = pwm_out;M2_2 = 0;
    M3_1 = pwm_out;M3_2 = 0;M4_1 = pwm_out;M4_2 = 0;
    }//前进
if(hou_tui_bit)
    {
    M1_1 = 0;M1_2 = pwm_out;M2_1 = 0;M2_2 = pwm_out;
    M3_1 = 0;M3_2 = pwm_out;M4_1 = 0;M4_2 = pwm_out;
    }//后退
if(zuo_zhuan_bit)
    {
    M1_1 = 0;M1_2 = 0;M2_1 = pwm_out;M2_2 = 0;
    M3_1 = 0;M3_2 = 0;M4_1 = pwm_out;M4_2 = 0;
    }//左转
if(you_zhuan_bit)
    {
    M1_1 = pwm_out;M1_2 = 0;M2_1 = 0;M2_2 = 0;
    M3_1 = pwm_out;M3_2 = 0;M4_1 = 0;M4_2 = 0;
    }//右转
if(m_s >= 1000)//0.1s 未按键,控制车辆停止
   {
    m_s = 0;M1_1 = 0;M1_2 = 0;M2_1 = 0;M2_2 = 0;M3_1 = 0;M3_2 = 0;M4_1 = 0;
M4_2 = 0;
    qian_jin_bit = 0;hou_tui_bit = 0;zuo_zhuan_bit = 0;you_zhuan_bit
= 0;
    }
  }
void Timer0Init(void)//定时器初始化子程序 100μs@ 22.1184MHz
{
    AUXR & = 0x7F;//定时器时钟 12T 模式
    TMOD & = 0xF0;//设置定时器模式
    TMOD |= 0x01;//设置定时器模式
    TL0 = 0x48;//设置定时初值
    TH0 = 0xFF;//设置定时初值
    TF0 = 0;//清除 TF0 标志
    TR0 = 1;//定时器 0 开始计时
}
```

```c
void jiema()//解码
{
    unsigned char j,i;
    time_count = 0;
    while(wux);
    time_bit = 1;
    while(! wux){if(time_count >200){time_bit = 0;flag1 = 1;time_
count = 0;}}
    if(flag1! =1)
        {time_bit = 0;
        if((time_count >110)&&(time_count <160))//判断同步码的宽度
110 -160
        {   for(j = 0;j <3;j ++)
                { for(i = 0;i <8;i ++)
                {
                time_count = 0;
                    while(! wux);
                    time_bit = 1;
                    while(wux){if(time_count >200)goto RemExit;}
                    time_bit = 0;
                    if((2 <time_count)&&(time_count <8))//窄 0 6 -8
                        {
                        D[j] = D[j] <<1;
                        }
                    else if((9 <= time_count)&&(time_count <18))//宽
19 -18
                        {
                        D[j] = D[j] <<1;
                        D[j] = D[j] +0x01;
                        }
                    else return;
                    }
                }
            flag = 1;
        }
        else goto RemExit;
        }
            RemExit:
```

```
                {
                time_bit = 0;
                EA = 1;
                time_count = 0;
                wux = 1;
                return;
                }
        }
void jie_shou( ) ////// 无线接收控制子程序
{
 flag = 0;
 flag1 = 0;
 time_bit = 0;
 time_count = 0;
 wux = 1;
 if(wux)jiema();
 if(flag == 1)
 { flag = 0;
 if(D[3]! = D[2])
 {
D[3] = D[2];display( );                         //重数据仅显示1次
 QD[0] = D[0];QD[1] = D[1];QD[2] = D[2];   //确认数据转存
 }
 if((QD[0] == 0x55)&&(QD[1] == 0x55)&&(QD[2] == 0xC0))//1 C0 速度加
 { P4 = 0xFE;jia_bit = 1;m_f = 0;}
 if((QD[0] == 0x55)&&(QD[1] == 0x55)&&(QD[2] == 0x30))//2 30 速度减
  { P4 = 0xFD;jian_bit = 1;m_f = 0;}
 if((QD[0] == 0x55)&&(QD[1] == 0x55)&&(QD[2] == 0xF0))//3 F0 左转
  { P4 = 0xFB;zuo_zhuan_bit = 1;m_s = 0;}
 if((QD[0] == 0x55)&&(QD[1] == 0x55)&&(QD[2] == 0x0C))//4 0C 右转
  { P4 = 0xF7;you_zhuan_bit = 1;m_s = 0;}
 if((QD[0] == 0x55)&&(QD[1] == 0x55)&&(QD[2] == 0xCC))//5 CC 前
  { P4 = 0xEF;qian_jin_bit = 1;m_s = 0;}
 if((QD[0] == 0x55)&&(QD[1] == 0x55)&&(QD[2] == 0x3C))//6 3C 退
  { P4 = 0xDF;hou_tui_bit = 1;m_s = 0;}
 if((QD[0] == 0x55)&&(QD[1] == 0x55)&&(QD[2] == 0xFC))//7 FC
  { P4 = 0xBF;L1 = 1;L2 = 1;ST = 1;delay(3000);ST = 0;}//点亮大功率车灯,发
按键确认音
```

```
    if((QD[0]==0x55)&&(QD[1]==0x55)&&(QD[2]==0x03))//8 03 停
      { P4=0x7F;L1=0;L2=0;ST=1;delay(3000);ST=0;}//关闭大功率车灯,发
按键确认音
    }
  }
  void main()//主程序
  {
  P0M0=0x00;//设置 P0 端口为准双向 IO(传统 51 模式)
  P0M1=0x00;//设置 P0 端口为准双向 IO(传统 51 模式)
  P1M0=0x00;//设置 P1 端口为准双向 IO(传统 51 模式)
  P1M1=0x00;//设置 P1 端口为准双向 IO(传统 51 模式)
  P2M0=0x00;//设置 P2 端口为准双向 IO(传统 51 模式)
  P2M1=0x00;//设置 P2 端口为准双向 IO(传统 51 模式)
  P3M0=0x00;//设置 P3 端口为准双向 IO(传统 51 模式)
  P3M1=0x00;//设置 P3 端口为准双向 IO(传统 51 模式)
  P4M0=0x00;//设置 P4 端口为准双向 IO(传统 51 模式)
  P4M1=0x00;//设置 P4 端口为准双向 IO(传统 51 模式)
  P5M0=0xFF;//设置 P5 端口为强输出模式
  P5M1=0x00;//设置 P5 端口为强输出模式
  P6M0=0x00;//设置 P6 端口为准双向 IO(传统 51 模式)
  P6M1=0x00;//设置 P6 端口为准双向 IO(传统 51 模式)
  P7M0=0xFF;//设置 P7 端口为强输出模式
  P7M1=0x00;//设置 P7 端口为强输出模式
  Timer0Init();//调用定时器 0 初始化子程序
  ET0=1;//允许 T0 中断
  EA=1;//打开总中断
  L1=0;L2=0;SPEED=1;ST=0;//大功率车灯、速度、扬声器初始化
  init();//LCD1602 显示初始化
  display();
  while(1)
  {
    jie_shou();//无线接收控制子程序
      if(m_f>=10000)//速度调节间隔大于 1s 工作
      {m_f=0;
      if(jia_bit)//速度加
    {if(SPEED<=8){SPEED++;ST=1;delay(3000);ST=0;}//确认音
      else//发超范围音
        {ST=1;delay(1000);ST=0;delay(1000);
```

```
          ST =1;delay(1000);ST =0;delay(1000);
          ST =1;delay(1000);ST =0;delay(1000);
       }
     display();
   }
 if(jian_bit)//速度减
 {if( SPEED >=2){SPEED -- ;ST =1;delay(3000);ST =0;}
 else//发超范围音
   {
     ST =1;delay(1000);ST =0;delay(1000);
   ST =1;delay(1000);ST =0;delay(1000);
   ST =1;delay(1000);ST =0;delay(1000);
   }
   display();
 }
   jia_bit =0;jian_bit =0;//速度加、减标志清零
 }
 }
 }
```

3. 功能测试

(1) 电路连接是否正确：　　　　　　　　　　是□　　否□

(2) 程序下载器连接是否正常：　　　　　　　是□　　否□

(3) 下载程序到目标板是否完成：　　　　　　是□　　否□

(4) 按下"1"键，是否速度增加，发确认音：　是□　　否□

(5) 按下"2"键，是否速度减小，发确认音：　是□　　否□

(6) 按下"3"键，是否左转，亮左车灯：　　　是□　　否□

(7) 按下"4"键，是否右转：亮右车灯：　　　是□　　否□

(8) 按下"5"键，是否前进：　　　　　　　　是□　　否□

(9) 按下"6"键，是否后退：　　　　　　　　是□　　否□

(10) 按下"7"键，是否打开车灯，发确认音：是□　　否□

(11) 按下"8"键，是否关闭车灯，发确认音：是□　　否□

(12) 速度是否可以调节：　　　　　　　　　是□　　否□

4. 画出程序流程图

知识链接

1. PT2262 与 PT2272 概述

　　PT2262/PT2272 是我国台湾省普城公司生产的一种 CMOS 工艺制造的低功耗低价位通用编解码电路。PT2262/PT2272 最多可有 12 位（A0 ~ A11）三态地址端引脚（悬空/接高电平/接低电平），任意组合可提供 531 441 个地址码，PT2262 最多可有 6 位（D0 ~ D5）数据端引脚，设定的地址码和数据码从 17 脚串行输出，可用于无线遥控发射电路。编码芯片 PT2262 发出的编码信号由地址码、数据码、同步码组成一个完整的码字，解码芯片 PT2272 接收到信号后，其地址码经过两次比较核对后，VT 引脚才输出高电平，与此同时相应的数据引脚也输出高电平。如果发送端一直按住按键，编码芯片也会连续发射信号。当发射机没有按键被按下时，PT2262 不接通电源，其 17 引脚为低电平，因此 315 MHz 的高频发射电路不工作，当有按键被按下时，PT2262 得电工作，其第 17 引脚输出经调制的串行数据信号。在 17 引脚为高电平期间，315 MHz 的高频发射电路起振并发射等幅高频信号，在 17 引脚为低平期间，315 MHz 的高频发射电路停止振荡，因此高频发射电路完全受控于 PT2262 的 17 引脚输出的数字信号，从而对高频电路完成幅度键控（ASK 调制），相当于调制度为 100% 的调幅。

2. PT2262 输出波形及编程规则

　　PT2262 输出数据每帧由 24 个脉冲、1 个停止位和 1 个帧间隔（同步头）组成，如图 12－3 所示。

　　用两个脉冲来表示一个状态，00 代表数据"0"，11 代表数据"1"，01 代表悬空（数

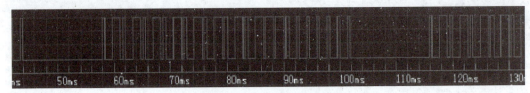

图 12-3　PT2262 输出波形

据"F")。前 16 个脉冲定义为地址码，后 8 个脉冲定义为数据码。数据"0"、数据"1"、数据"F"发送的码位如图 12-4 所示。

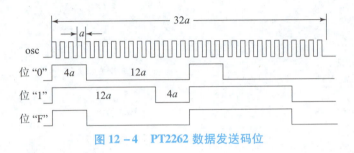

图 12-4　PT2262 数据发送码位

3. 315 MHz 超再生接收模块

315 MHz 超再生接收模块实物如图 12-5 所示。

图 12-5　315 MHZ 超再生接收模块实物

DF 接收模块的工作电压为 5 V，静态电流为 4 mA，它为超再生接收电路，接收灵敏度为 -105 dBm，接收天线需要 25~30 cm 的导线，竖立起来接收效果与距离最佳。DF 接收模块本身不带解码集成电路，因此它仅是一种组件，需要在具体电路中进行二次开发才能发挥应有的作用。这种设计有很多优点，它可以和各种解码电路或者单片机配合，设计电路灵活方便。

4. 单片机实现软件解码

315 MHz 超再生接收模块输出波形与 PT2262 输出波形一致，因此可利用单片机对图 12-3 所示波形进行解码，得到相应的地址码和数据信息，以实现单片机对无线遥控器的软件解码功能。

T2262 每次至少发送 4 次编码，首先可以检测 11 ms 宽度的同步码头，有码头才开始进行编码/解码，无码头则继续等待。

1）软件解码同步头

（1）time_bit = 0；//停止计时。

（2）time_count = 0；//计时清零。

（3）while（wux）；//等待数据为低电平。

（4）time_bit = 1；//低电平时开始计时（100 μs 计时器）。

（5）while(！wux){if(time_count > 200)goto RemExit；}//等待低电平结束，等待时间大于 20 ms 时的超时退出。

（6）time_bit = 0；//停止计时。

（7）if((time_count > 80)&&(time_count < 180))//判断同步码的宽度，低电平持续时间为 8～18 ms 时确认为同步头。

2）软件解码 0

（1）time_count = 0；//计时清零。

（2）while(！wux)；//等待数据跳为高电平。

（3）time_bit = 1；//开始计时，计高电平持续时间。

（4）while(wux){if(time_count > 200)goto RemExit；}//等待高电平结束，超时则退出。

（5）time_bit = 0；//停止计时。

（6）if((1 < time_count)&&(time_count < 9))//判断高电持续时间，在 0.1～0.9 ms 范围内时为数据 0。

3）软件解码 1

（1）time_count = 0；//计时清零。

（2）while(！wux)；//等待数据跳为高电平。

（3）time_bit = 1；//开始计时，计高电平持续时间。

（4）while(wux){if(time_count > 200)goto RemExit；}//等待高电平结束，超时则退出。

（5）time_bit = 0；//停止计时。

（6）if((9 < time_count)&&(time_count < 20))//判断高电持续时间，在 0.9～2 ms 范围内时为数据 1。

5. 程序修改

在实际程序设计过程中，因为每个无线遥控的编码均不同，所以需要提前确定按键值与解码值，本任务中利用 LCD1602 第一行显示解码值。编程时需要修改 "if((QD[0] == 0x55)&&(QD[1] == 0x55)&&(QD[2] == 0xC0))" 这些指令，将指令中的数据与 LCD1602 第一行显示数据修改为一致，即可实现相应控制。

任务 12		无线小车设计与制作		学　时	4
姓　名		学　号		班　级	
				日　期	
团队成员					
任务要求	按下"1"键，速度增加；按下"2"键，速度减小；按下"3"键，左转；按下"4"键，右转；按下"5"键，前进；按下"6"键，后退；按下"7"键，原地转；按下"8"键，模拟漂移动作（全速前进，同时左前轮刹车，右前、右后轮高速前进）。 　　注：RZ7886 的两个控制引脚为高电平时实现电磁刹车				

一、电路设计

二、程序设计思路

任务 12	无线小车设计与制作			学　时	4
姓　名		学　号		班　级		日　期	

三、功能测试

四、反思

任务 13　汽车 Wi–Fi 控制器设计与制作

任务目标

知识目标	技能目标	素质目标
能描述 Wi–Fi 模块的基本组成与应用	能进行 Wi–Fi 模块控制程序的编制、调试、拓展应用	1. 规范操作过程，符合 6S 管理要求； 2. 具备自主学习、团队协作、认真探究的态度

任务描述

通过单片机控制 Wi–Fi 模块，实现手机与单片机之间的串口通信，以此模拟汽车远程控制。设计要求如下。手机通过 TCP 连接助手发送 "LD1YZ"，控制 LED 灯 L2 点亮；发送 "LD2YZ"，控制 LED 灯 L3 点亮；发送 "LD3YZ"，控制 LED 灯 L4 点亮；发送 "LD4YZ"，控制 LED 灯 L5 点亮；发送 "LD0YZ"，控制所有 LED 灯熄灭。按下 S1，单片机向上位机发送 "KEY–1"；按下 S2，单片机向上位机发送 "KEY–2"；按下 S3，单片机向上位机发送 "KEY–3"；按下 S4，单片机向上位机发送 "KEY–4"。要求在 LCD1602 上显示单片机通过串口接收与发送的数据。

任务实施

1. 电路设计

汽车 Wi–Fi 控制仿真电路如图 13–1 所示。

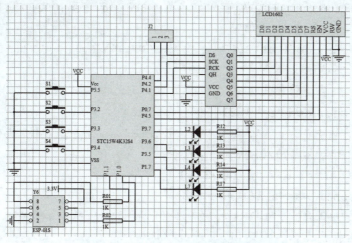

图 13–1　汽车 Wi–Fi 控制仿真电路

2. 源程序

源程序代码如下。

```
#include "STC15F2K60S2.h"
#include <intrins.h>
sbit DIO = P4^4;//串行数据输入
sbit RCLK = P4^1;//时钟脉冲信号——上升沿有效
sbit SCLK = P4^2;//打入信号——上升沿有效
sbit lcden = P4^5;      //LCD1602 使能端
sbit lcdrs = P0^7;        //LCD1602 寄存器选择
sbit led1 = P3^7;    //定义 LED1 输出端口号为 P3.7
sbit led2 = P3^6;    //定义 LED2 输出端口号为 P3.6
sbit led3 = P3^5;    //定义 LED3 输出端口号为 P3.5
sbit led4 = P1^7;    //定义 LED4 输出端口号为 P1.7
sbit KEY1 = P5^5;    //定义输入按键 1 端口号为 P5.5;
sbit KEY2 = P3^2;    //定义输入按键 2 端口号为 P3.2;
sbit KEY3 = P3^3;    //定义输入按键 3 端口号为 P3.3;
sbit KEY4 = P3^4;    //定义输入按键 4 端口号为 P3.4;
unsigned char xdata r_f_2[50];//串口 2 接收数组
unsigned char  r_c_2 = 0;            //串口 2 接收计数
unsigned char code at_1[13] = {'A','T','+','C','W','M','O','D','E',
'=','2',0x0D,0x0A};
//设置 Wi-Fi 模式为 softAP
unsigned char code at_2[38] =
{'A','T','+','C','W','S','A','P','=','"','E','S','P','8','2',
'6','6','"',',','"','0','1','2','3','4','5','6','7','8','9','"',',',
'1','1',',','0',0x0D,0x0A};
//配置 ESP8266softAP 参数,接入点名称:ESP8266,密码:0123456789,
//通道号:11,加密方式:不加密
unsigned char code at_3[13] = {'A','T','+','C','I','P','M','U',
'X','=','1',0x0D,0x0A};
//设置多连接:多连接模式
unsigned char code at_4[21] =
{'A','T','+','C','I','P','S','E','R','V','E','R','=','1',',',
'8','8','9','9',0x0D,0x0A};
//建立 TCP server 连接,端口号:8899
unsigned char  at_s[16] =
{'A','T','+','C','I','P','S','E','N','D','=','0',',','5',0x0D,
0x0A};//发送数据
```

```
//发送数据连接指令,网络连接 ID 号:0,发送数据长度:5 个字符
unsigned char table1[16] = "T:KEY - 0        ";//第一行显示数组
unsigned char table2[16] = "R:LD0YZ          ";//第二行显示数组
void HC595_OUT(unsigned char X)///HC595 转换///////////////////////////////
{  unsigned char i;
    for(i = 8;i >=1;i --)
    {
        if(X&0x80)DIO =1;else DIO =0;
        X <<=1;
        SCLK =0;
        SCLK =1;
    }
}
void delay(unsigned int x)///////// 延时 //////////
{unsigned int i,j;
    for(i = x;i >0;i --)
    {
    for(j =240;j >0;j --);
    }
}
void lcd_write_com(unsigned char com) ////LCD1602 写命令//////
{  lcdrs =0;
    HC595_OUT(com);
    RCLK =0;RCLK =0;
    RCLK =1;RCLK =1;
    lcden =1;
    delay(10);
    lcden =0;
}
void lcd_write_data(unsigned char dat) ///LCD1602 写指令////
{  lcdrs =1;
    HC595_OUT(dat);
    RCLK =0;RCLK =0;
    RCLK =1;RCLK =1;
    lcden =1;
    delay(10);
    lcden =0;
}
```

```c
void display()   ////// 显示程序 //////////////////
{unsigned char num;
    lcd_write_com(0x80); /// 显示第一行
    for(num=0;num<16;num++) // 显示 16 个字符
    {lcd_write_data(table1[num]);
    delay(10);
    }
    lcd_write_com(0xC0); /// 显示第二行
    for(num=0;num<16;num++) // 显示 16 个字符
    {lcd_write_data(table2[num]);
    delay(10);
    }
}
void init()   //// LCD1602 初始化 //////////////////
{   delay(1000);
    lcd_write_com(0x38);delay(100); // 显示模式设置
    lcd_write_com(0x08);delay(100); // 显示关闭
    lcd_write_com(0x01);delay(100); // 显示清屏
    lcd_write_com(0x06);delay(100); // 显示光标移动设置
    lcd_write_com(0x0C);delay(100); // 显示开/关及光标设置
}
void serial_port_2_initial()   // 串口 2 接收数据清零 //////////////////
{   unsigned char i;
    for(i=0;i<50;i++)r_f_2[i]=0x00; // 接收数组清零
    r_c_2=0; // 接收计数器清零
}
void send_UART_2(unsigned char k[],m) // 串口 2 发送程序 /////
{unsigned char temp=0,i;
 for(i=0;i<m;i++)
    {IE2=0x00; // 关串口 2 中断,ES2=0
    S2CON=S2CON & 0xFD; // 清零串口 2 发送完成中断请求标志
    S2BUF  =k[i];
    do
    {  temp=S2CON;
     temp=temp & 0x02;
    }while(temp==0);
    S2CON=S2CON & 0xFD; // 清零串口 2 发送完成中断请求标志
    IE2=0x01; // 允许串口 2 中断,ES2=1
```

```
    }
  }
///串口2中断服务程序////////////////
void UART_two_Interrupt_Receive(void)interrupt 8
{    unsigned char   k = 0;
    k = S2CON;
    k = k & 0x01;
    if(k == 1)//RI  =   0;
    { S2CON = S2CON & 0xFE;
    r_f_2[r_c_2] = S2BUF;
    r_c_2 ++;
    if(r_c_2 >= 60)r_c_2 = 0;
    }
    else
    { S2CON = S2CON & 0xFD;   }
}

void wu_wifi()/////远程 WIFI 控制////////////////////////
{   unsigned char i;
    for(i = 0;i < 50;i ++)//检测串口接收数据
    {
    if((r_f_2[i] == 'Z')&&(r_f_2[i-1] == 'Y'))//检测以"YZ"字符结束
的指令
    {if((r_f_2[i-2] == '1')&&(r_f_2[i-3] == 'D')&&(r_f_2[i-4] =
= 'L'))//检测"LD1"字符
        {table2[4] = '1';send_UART_2(at_s,16);//发送"TCP 发送数据"指令
        delay(5000);//适当延时
        send_UART_2("LD1OK",5);//发送字符串返回手机 TCP 连接助手
        led1 = 0;//亮 L1 灯
        }
        else if((r_f_2[i-2] == '2')&&(r_f_2[i-3] == 'D')&&(r_f_2[i-
4] == 'L'))//检测"LD2"字符
        {table2[4] = '2';send_UART_2(at_s,16);delay(5000);send_
UART_2("LD2OK",5);led2 = 0;}else if((r_f_2[i-2] == '3')&&(r_f_2[i-3]
== 'D')&&(r_f_2[i-4] == 'L'))//检测"LD3"字符
        {table2[4] = '3';send_UART_2(at_s,16);delay(5000);send_
UART_2("LD3OK",5);led3 = 0;}
        else if((r_f_2[i-2] == '4')&&(r_f_2[i-3] == 'D')&&(r_f_2[i-
4] == 'L'))//检测"LD4"字符
```

```
        {table2[4]='4';send_UART_2(at_s,16);delay(5000);send_
UART_2("LD4OK",5);led4=0;}
        else if((r_f_2[i-2]=='0')&&(r_f_2[i-3]=='D')&&(r_f_2[i-
4]=='L'))//检测"LD0"字符
        {table2[4]='0';send_UART_2(at_s,16);delay(5000);send_UART_
2("LD0OK",5);
        led1=1;led2=1;led3=1;led4=1;}
        serial_port_2_initial();//检测到数据后清空接收缓冲数组
        }
    }
    }
    ////按键检测程序///
    void an_jian()
    {   if(KEY1==0)                //检测按键1,发送"KEY-1"
        {while(KEY1==0);               //等待按键1被松开
        table1[6]='1';
        send_UART_2(at_s,16);    //发送"TCP发送数据"指令。
        delay(5000);               //适当延时
        send_UART_2("KEY-1",5);//发送字符串返回手机TCP连接助手
        }
    if(KEY2==0)
    {while(KEY2==0);table1[6]='2';send_UART_2(at_s,16);delay
(5000);
    send_UART_2("KEY-2",5);}//检测按键2,发送"KEY-2"
    if(KEY3==0)
    {while(KEY3==0);table1[6]='3';send_UART_2(at_s,16);delay
(5000);
    send_UART_2("KEY-3",5);}//检测按键3,发送"KEY-3"
    if(KEY4==0)
    {while(KEY4==0);table1[6]='4';send_UART_2(at_s,16);delay
(5000);
    send_UART_2("KEY-4",5);}//检测按键4,发送"KEY-4"
    }
    //串口2通信初始化
    void UartInit(void)//9600bps@ 22.1184MHz
    {   S2CON=0x50;//8位数据,可变波特率
        AUXR|=0x04;//定时器2时钟为Fosc,即1T
        T2L=0xC0;//设定定时初值
```

```
        T2H = 0xFD;//设定定时初值
        AUXR |= 0x10;//启动定时器 2
}
void main()
{   P0M0 = 0x00;//设置 P0 端口为准双向 IO(传统 51 模式)
    P0M1 = 0x00;//设置 P0 端口为准双向 IO(传统 51 模式)
    P1M0 = 0x00;//设置 P1 端口为准双向 IO(传统 51 模式)
    P1M1 = 0x00;//设置 P1 端口为准双向 IO(传统 51 模式)
    P3M0 = 0x00;//设置 P3 端口为准双向 IO(传统 51 模式)
    P3M1 = 0x00;//设置 P3 端口为准双向 IO(传统 51 模式)
    P4M0 = 0x00;//设置 P4 端口为准双向 IO(传统 51 模式)
    P4M1 = 0x00;//设置 P4 端口为准双向 IO(传统 51 模式)
    P5M0 = 0x00;//设置 P5 端口为准双向 IO(传统 51 模式)
    P5M1 = 0x00;//设置 P5 端口为准双向 IO(传统 51 模式)
    UartInit();//串口 2 通信初始化
    ES   = 1;//允许中断
    EA = 1;//允许全局中断
    serial_port_2_initial();//串口 2 接收数据清零
    init();//LCD1602 初始化
    delay(10000);//适当延时
    send_UART_2(at_1,13);//Wi-Fi 模式设置
    delay(10000);//适当延时
    send_UART_2(at_2,38);//配置 ESP8266 softAP 参数
    delay(10000);//适当延时
    send_UART_2(at_3,13);//设置多连接方式
    delay(10000);//适当延时
    send_UART_2(at_4,21);//建立 TCP server
    while(1)
    { wu_wifi();//远程 Wi-Fi 控制程序
     an_jian();   //检测按键程序
     display();   //显示程序
    }
}
```

3. 功能测试

(1) 电路连接是否正确：   是□   否□
(2) 手机连接 Wi-Fi 网络是否正常：   是□   否□
(3) 手机 App 通过指令能否控制 LED 灯： 是□   否□

（4）按下按键时手机 App 能否收到相应指令：　　是□　　否□

4. 画出程序流程图

1. **ESP–01S Wi–Fi 模块简介**

1）概述

ESP–01S Wi–Fi 模块（图 13–2）是由安信可科技有限公司开发的。该模块核心处理器 ESP8266 在较小尺寸封装中集成了业界领先的 TensilicaL106 超低功耗 32 位微型 MCU，带有 16 位精简模式，主频支持 80 MHz 和 160 MHz，支持 RTOS，集成 Wi–FiMAC/BB/RF/PA/LNA，板载天线。该模块支持标准的 IEEE802.11b/g/n 协议，完整的 TCP/IP 协议栈。用户可以使用该模块

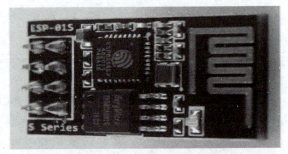

图 13–2　ESP–01S Wi–Fi 模块实物

为现有的设备添加联网功能，也可以构建独立的网络控制器。ESP8266 是高性能无线 SOC，以最低成本提供最大实用性，为 Wi–Fi 功能嵌入其他系统提供无限可能。

2）端口定义

ESP–01S 共接出 8 个端口，其引脚如图 13–3 所示。

引脚定义：1 脚，GND，电源地；2 脚，GPIO2，通用 IO；3 脚，GPIO0，工作模式选择；4 脚，RXD，串口数据接收端；5 脚，VCC，3.3 V 供电；6 脚，RST，复位脚；7 脚，

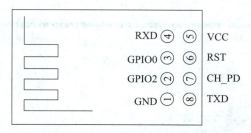

图 13 - 3　ESP - 01S Wi - Fi 模块引脚

CH_PD，芯片使能，高电平使能；8 脚，TXD，串口数据发送端。

串口通信时，仅需要接 VCC、GND、TXD 和 RXD 4 个引脚，其余引脚悬空即可。

2. ESP8266 常用指令介绍

（1）AT + RESTORE　//恢复初始化，和手机恢复出厂设置相同。

（2）AT + RST　//重启。

（3）AT　//测试连接是否正常。

（4）AT + UART = 9600，8，1，0，0　//修改波特率，也叫作设置串口配置，8 指数据位 8 字节。

（5）AT + UART = 115200，8，1，0，0　//修改波特率，也叫作设置串口配置，8 指数据位 8 字节。

（6）AT + CWMODE？　//查询工作模式：①Station（客户端模式）；②AP（接入点模式）；③Station + AP（两种模式共存）。

（7）AT + CWJAP？　//查询当前连接的路由器。

（8）AT + CIFSR　//查询 IP 地址、MAC 地址。

（9）AT + CWMODE_ DEF = 1　//配置 Wi - Fi 模组工作模式：①Station（客户端模式）；②AP（接入点模式）；③Station + AP（两种模式共存）。

（10）AT + CWJAP = " wifi"," 123456789"　//连接路由器（名称 + 密码）。

（11）AT + CWSMARTSTART　//启动智能配网。

（12）AT + CWSMARTSTOP　//停止智能配网。

（13）AT + CLDSTART　//开启云服务。

（14）AT + CIPMUX = 1　//只有设置成多连接，才能开启 TCP 服务。

（15）AT + CIPSERVER = 1，5000　//开启 TCP 服务。

（16）AT + CIPSERVER = 0，5000　//关闭 TCP 服务。

3. ESP8266 基本配置命令

（1）AT + CWMODE = 2　//开启 AP 模式。

（2）AT + CWSAP = " ESP8266"," TJUT2017"，11，0　//设置模块的 Wi - Fi 和密码。

（3）AT + CIPMUX = 1　//打开多连接，0 是单连接，注意只有单连接才能开启透传。

（4）AT + CIPSERVER = 1，8686　//设置模块服务器端口。

4. TCP 连接助手应用

（1）在手机应用商店搜索"TCP 连接"App（以小米手机为例），并单击"安装"按钮，如图 13 - 4 所示。

图 13 - 4　搜索"TCP 连接" App

（2）设置手机 Wi - Fi 连接到 ESP - 01S 模块的热点，如图 13 - 5 所示，单击 ESP8266 连接 Wi - Fi 网络。

图 13 - 5　连接 ESP8266 Wi - Fi 网络

（3）打开"TCP 连接" App，如图 13 - 6 所示。

（4）单击图 13 - 6 所示的"连接"按钮，进行 TCP 连接参数设置，如图 13 - 7 所示，输入参数后，单击"连接"按钮。

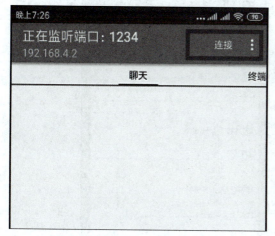

图 13 – 6　打开"TCP 连接" App

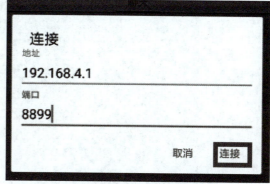

图 13 – 7　设置 TCP 连接参数

（5）连接成功界面如图 13 – 8 所示。

（6）发送"LD1YZ"指令，下位机成功接收后，点亮 L2 灯，并返回"LD1OK"字符，如图 13 – 9 所示。

图 13 – 8　TCP 连接成功

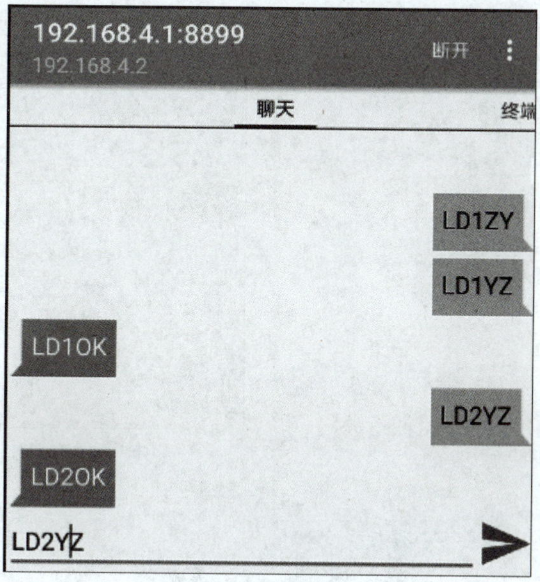

图 13 – 9　数据发送与接收

（7）单击图 13 – 10 所示第一个方框，设置按钮被按下与松开时发送的字符，并单击"确定"按钮。

（8）按第（7）步操作方法相应设置 4 个灯的按钮，如图 13 – 11 所示。可通过单击按钮来控制下位机的 LED 灯。在设置按下字符时，"灯 2"的指令为"LD2YZ"，"灯 3"的指令为"LD3YZ"，"灯 4"的指令为"LD4YZ"，松开的指令为"LD0YZ"。

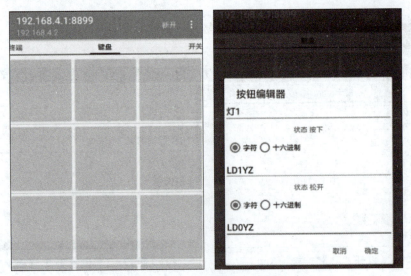

图 13 – 10   设置按钮发送字符

图 13 – 11   设置 4 个灯的按钮

5. 关键指令分析

1）串口 2 接收数据清零程序

代码如下。

```
void serial_port_2_initial()
{
    unsigned char i;
    for(i = 0;i < 50;i + +)r_f_2[i] = 0x00;//接收数组清零
    r_c_2 = 0;//接收计数器清零
}
```

2）串口 2 发送程序

代码如下。

```
void send_UART_2(unsigned char k[],m)
{
    unsigned char temp=0,i;
  for(i=0;i<m;i++)
  {
      IE2=0x00;//关串口 2 中断,ES2=0
      S2CON=S2CON & 0xFD;//清零串口 2 发送完成中断请求标志
      S2BUF   =k[i];
      do
      {
       temp=S2CON;
       temp=temp & 0x02;
      }while(temp==0);
      S2CON=S2CON & 0xFD;//清零串口 2 发送完成中断请求标志
      IE2=0x01;//允许串口 2 中断,ES2=1
  }
}
```

3）串口 2 中断服务程序

代码如下。

```
void UART_two_Interrupt_Receive(void)interrupt 8
{
    unsigned char    k=0;
    k=S2CON;
    k=k & 0x01;
    if(k==1)//RI   =   0;
    {
    S2CON=S2CON & 0xFE;
    r_f_2[r_c_2]=S2BUF;
    r_c_2++;
    if(r_c_2>=60)r_c_2=0;
    }
    else
    {
    S2CON=S2CON & 0xFD;
    }
}
```

4）远程 Wi-Fi 控制程序

代码如下。

```
void wu_wifi()
{
unsigned char i;
for(i=0;i<50;i++)//检测串口接收数据
{
    if((r_f_2[i]=='Z')&&(r_f_2[i-1]=='Y'))//检测以"YZ"字符结束
的指令
    {
        if((r_f_2[i-2]=='1')&&(r_f_2[i-3]=='D')&&(r_f_2[i-
4]=='L'))
            {table2[4]='1';send_UART_2(at_s,16);//发送"TCP 发送
数据"指令
            delay(5000);//适当延时
            send_UART_2("LD1OK",5);//发送字符串返回手机 TCP 连接
助手
            led1=0;
            }
        serial_port_2_initial();//检测到数据后清空接收缓冲数组
    }
    }
}
```

5）按键检测程序

代码如下。

```
void an_jian()
{
if(KEY1==0)              //检测按键1,发送"KEY-1"
    {while(KEY1==0);        //等待按键1被松开
    table1[6]='1';
    send_UART_2(at_s,16);   //发送"TCP 发送数据"指令。
    delay(5000);            //适当延时
    send_UART_2("KEY-1",5);//发送字符串返回手机 TCP 连接助手
    }
}
```

6）串口2通信初始化

代码如下。

```
void UartInit(void)//9600bps@ 22.1184MHz
{
    S2CON = 0x50;//8 位数据,可变波特率
    AUXR |= 0x04;//定时器 2 时钟为 Fosc,即 1T
    T2L = 0xC0;//设定定时初值
    T2H = 0xFD;//设定定时初值
    AUXR |= 0x10;//启动定时器 2
}
```

7) 主程序关键指令

```
  UartInit();//串口 2 通信初始化
ES = 1;//允许中断
EA = 1;//允许全局中断
serial_port_2_initial();//串口 2 接收数据清零
init();//LCD1602 初始化
    delay(10000);//适当延时
send_UART_2(at_1,13);//Wi - Fi 模式设置
delay(10000);//适当延时
send_UART_2(at_2,38);//配置 ESP8266 softAP 参数
delay(10000);//适当延时
send_UART_2(at_3,13);//设置多连接方式
delay(10000);//适当延时
send_UART_2(at_4,21);//建立 TCP server
```

任务 13	汽车 Wi－Fi 控制器设计与制作			学　时	2
姓　名		学　号		班　级		日　期	

团队成员	

任务要求	实现电动机 PWM 手机控制，发送指令为"DJ78Z"，电动机以 78% 的占空比转动，指令范围为"DJ00Z"～"DJ99Z"，00 为电动机停，其余数字为占空比，单片机接收到指令正确时回复"OK"字符，PWM 数值不在指令范围内时返回"ERR"字符

一、电路设计

二、程序设计思路

任务 13	汽车 Wi‑Fi 控制器设计与制作			学　时	2
姓　名		学　号		班　级		日　期	

三、功能测试

四、反思

任务 14　汽车蓝牙控制器设计与制作

任务目标

知识目标	技能目标	素质目标
能描述蓝牙模块的基本组成与应用	能进行蓝牙模块控制程序的编制、调试、拓展应用	1. 规范操作过程，符合 6S 管理要求； 2. 具备自主学习、团队协作、认真探究的态度

任务描述

　　通过单片机控制蓝牙模块，实现手机与单片机的数据通信和功能控制，以此模拟汽车上的蓝牙控制。设计要求：实现手机通过蓝牙发送指令"STZ"控制 LED1 点亮，发送指令"SPZ"控制 LED1 的熄灭；按下 S1 键单片机通过蓝牙模块向手机发送"KEY1"数据。

任务实施

1. 电路设计

汽车蓝牙控制仿真电路如图 14－1 所示。

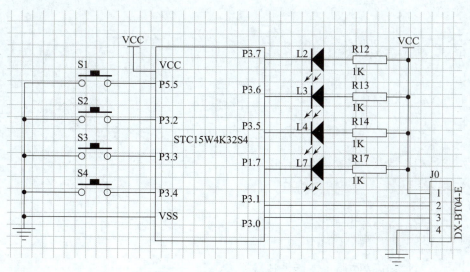

图 14－1　汽车蓝牙控制仿真电路

2. 源程序

源程序代码如下。

拓展：汽车蓝牙控制器设计与制作

```c
#include "STC15F2K60S2.h"
#include <intrins.h>
sbit LED1 = P3^7;        //定义输出 LED 灯端口号为 P3.7
sbit LED2 = P3^6;        //定义输出 LED 灯端口号为 P3.6
sbit LED3 = P3^5;        //定义输出 LED 灯端口号为 P3.5
sbit LED4 = P1^7;        //定义输出 LED 灯端口号为 P1.7
sbit KEY1 = P5^5;        //定义按钮端口号为 P5.5
sbit KEY2 = P3^2;        //定义按钮端口号为 P3.2
sbit KEY3 = P3^3;        //定义按钮端口号为 P3.3
sbit KEY4 = P3^4;        //定义按钮端口号为 P3.4
unsigned char r_f[50]; //接收缓冲数据
unsigned char r_c;        //串口接收计数器
void serial_init()//串口接收数据清零//////////////
{
unsigned char i;
for(i=0;i<50;i++)r_f[i]=0;//接收数组清零
r_c=0;//接收计数器清零
}
//串口发送程序//////////////////////
void send(unsigned char d[],unsigned int m)//发送数组、发送个数
{
unsigned int i;
for(i=0;i<m;i++)
{
SBUF=d[i];//发一个字节
while(! TI);//等待发送结束标志
TI=0;//将发送结束标志清零
}
}
/////中断服务程序//////////////////
void UART1_int( )interrupt 4
{
    if(RI)//接收中断标志
    {
        RI=0;//接收中断标志清零
```

```
        r_f[r_c] = SBUF;//保存一个字节到接收数组中
        if(r_c>=50)r_c=0;
        else r_c++;
    }
}
void UartInit(void)//9600bps@ 22.1184MHz
{
    SCON = 0x50;//8 位数据,可变波特率
    AUXR |= 0x40;//定时器 1 时钟为 Fosc,即 1T
    AUXR &= 0xFE;//串口 1 选择定时器 1 为波特率发生器
    TMOD &= 0x0F;//设定定时器 1 为 16 位自动重装方式
    TL1 = 0xC0;//设定定时初值
    TH1 = 0xFD;//设定定时初值
    ET1 = 0;//禁止定时器 1 中断
    TR1 = 1;//启动定时器 1
}
void main()
{
unsigned char i;
P0M0 = 0xFF;//设置 P0 端口为准双向 IO(传统 51 模式)
P0M1 = 0x00;//设置 P0 端口为准双向 IO(传统 51 模式)
P1M0 = 0x00;//设置 P1 端口为准双向 IO(传统 51 模式)
P1M1 = 0x00;//设置 P1 端口为准双向 IO(传统 51 模式)
P3M0 = 0x00;//设置 P3 端口为准双向 IO(传统 51 模式)
P3M1 = 0x00;//设置 P3 端口为准双向 IO(传统 51 模式)
P4M0 = 0xFF;//设置 P4 端口为准双向 IO(传统 51 模式)
P4M1 = 0x00;//设置 P4 端口为准双向 IO(传统 51 模式)
UartInit();//串口设置
ES   =1;//允许中断
EA =1;         //开放所有中断
serial_init();//串口接收数据清零
while(1)
{
for(i=0;i<50;i++)//检查数组 r_f 中的数据
    {
    if((r_f[i]=='T')&&(r_f[i-1]=='S'))//检测打开灯命令
        {
        LED1 = 0;//打开 LED1 指示灯
```

```
        send("KAI",3);//接收正确返回
        serial_init();//接收数据清空
    }
    if((r_f[i]=='P')&&(r_f[i-1]=='S'))//检测关闭灯命令
    {
    LED1 =1;//关闭 LED1 指示灯
    send("GUAN",4);//接收正确返回
    serial_init();//接收数据清空
    }
  }
 if(KEY1 ==0)//检测按键是否被按下
 {while(KEY1 ==0);//等待按键被松开
 send("KEY1",4);//发送"KEY1"命令
 }
 }
 }
```

3. 功能测试

(1) 电路连接是否正确:　　　　　　　　　是□　　否□
(2) 程序下载器连接是否正常:　　　　　　是□　　否□
(3) 下载程序到目标板是否完成:　　　　　是□　　否□
(4) 蓝牙是否控制 LED1 点亮:　　　　　　是□　　否□
(5) 蓝牙是否控制 LED1 熄灭:　　　　　　是□　　否□
(6) 手机是否接收"KEY1"数据:　　　　　是□　　否□

4. 画出程序流程图

1. 蓝牙通信

蓝牙是一种支持设备短距离通信（一般 10 m 内）的无线电技术，能在移动电话、PDA、无线耳机、笔记本电脑、相关外设等众多设备之间进行无线信息交换。利用蓝牙技术，能够有效地简化移动通信终端设备之间的通信，也能够成功地简化设备与 Internet 之间的通信，从而使数据传输变得更加迅速高效，为无线通信拓宽道路。

蓝牙作为一种小范围无线连接技术，能在设备间实现方便快捷、灵活安全、低成本、低功耗的数据通信和语音通信，因此它是目前实现无线个域网通信的主流技术之一。蓝牙与其他网络连接可以带来更广泛的应用。蓝牙通信是一种尖端的开放式无线通信，能够让各种数码设备无线沟通。

蓝牙技术是一种无线数据与语音通信的开放性全球规范，它以低成本的近距离无线连接为基础，为固定与移动设备通信环境建立一个特别连接。其实质内容是为固定设备或移动设备之间的通信环境建立通用的无线电空中接口（Radio Air Interface），将通信技术与计算机技术进一步结合起来，使各种 3C 设备在没有电线或电缆相互连接的情况下，能在近距离范围内实现相互通信或操作。简单地说，蓝牙技术是一种利用低功率无线电在各种 3C 设备间彼此传输数据的技术。蓝牙技术工作在全球通用的 2.4 GHz ISM（即工业、科学、医学）频段，使用 IEEE802.15 协议。作为一种新兴的短距离无线通信技术，蓝牙技术正有力地推动着低速率无线个人区域网络的发展。

2. DX – BT04 – E 概述

DX – BT04 – E 蓝牙模块为智能无线数据传输的 SPP + BLE 双模蓝牙，该模块支持 UART 端口，支持 SPP 蓝牙串口协议，具有成本低、体积小、功耗低、收发灵敏度高等优点，只需配备少许外围元件就能实现强大的功能。

3. AT 指令集

用户可以通过串口和 DX – BT04 – E 蓝牙模块进行通信，串口使用 Tx、Rx 两根信号线，波特率支持 2 400 bit/s、4 800 bit/s、9 600 bit/s、19 200 bit/s、38 400 bit/s、57 600 bit/s、115 200 bit/s，串口默认波特率为 9 600 bit/s。

发送 AT 指令时必须回车换行，AT 指令只能在该模块未连接状态下才能生效，一旦该模块与设备连接，该模块即进入数据透传模式。\r\n 为直接按计算机 Enter 键，如不能按 Enter 键则加\r\n。AT 指令不分大小写。

1）测试指令

下行指令：AT。

响应：OK。

2）模块复位（重启）

下行指令：AT + RESET。

响应：OK。

3）获取软件版本号

下行指令：AT + VERSION。

响应： + VERSION = < Param > OK。

参数：Param 为软件版本号。

例如：

发送：AT + VERSION\r\n。

返回： + VERSION = 2.0 – 20 100 601 OK。

4）恢复默认状态

下行指令：AT + DEFAULT。

响应：OK。

5）查询蓝牙地址码

下行指令：AT + LADDR。

响应： + LADDR = < Param >。

参数：Param 为地址码。

例如：

发送：AT + LADDR\r\n。

返回： + LADDR = 11：22：33：44：55：66。

其中，11：22：33：44：55：66 为查询所获取的实际地址码。

6）查询/设置设备名称

（1）下行指令：AT + NAME < Param >。

响应：OK。

（2）下行指令：AT + NAME。

响应：① + NAME = < Param > OK——成功；②FAIL——失败。

参数：Param 为蓝牙设备名称默认为"BT04 – E"。

例如：修改蓝牙设备名称为"1234"。

发送：AT + NAME1234\r\n。

返回： + NAME = 1234。

这时蓝牙设备名称改为"1234"，参数支持掉电保存。

7）查询/设置配对密码

下行指令：AT + PIN < Param >；响应：OK。

下行指令：AT + PIN；响应： + PIN = < Param > OK。

参数：Param 为配对密码，默认为 1234。

例如：修改配对密码为 8888。

发送：AT + PIN8888\r\n。

返回： + PIN = 8888。

这时蓝牙配对密码改为 8888。

8）查询/设置串口波特率

下行指令：AT + BAUD < Param >；响应：OK。

下行指令：AT + BAUD；响应： + BAUD = < Param > OK。

参数：<Param>：波特率 2 – – – 2 400 3 – – – 4 800 4 – – – 9 600 5 – – – 19 200 6 – – – 38 400 7 – – – 57 600 8 – – – 115 200。

例如：修改波特率为 38 400 bit/s。

发送：AT + BAUD6。

返回：+ BAUD = 6。

此时波特率为 38 400 bit/s。

注意：修改波特率以后，如果不是默认的 9 600 bit/s，在以后设置参数或进行数据通信时需使用所设置的波特率。

4. 电脑串口调试过程

（1）将 DX – BT04 – E 蓝牙模块连接到 USB 转 TTL 下载器口，如图 14 – 2 所示。

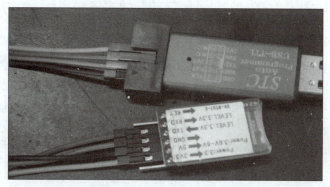

图 14 – 2　串口调试硬件连接

（2）更改设备名称。串口发送"AT + NAMETEST_LY"，将设备名称更改为"TEST_LY"，如图 14 – 3 所示。

（3）更改设备连接密码。串口发送"AT + PIN1234"，将设备连接密码更改为"1234"，如图 14 – 4 所示。

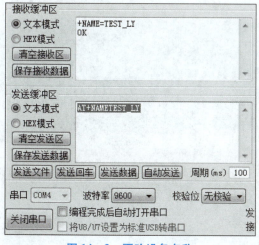

图 14 – 3　更改设备名称

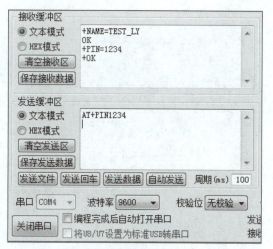

图 14 – 4　更改设备连接密码

（4）用手机连接设备。打开手机蓝牙助手（大夏龙雀测试 App），单击"搜索 SPP"按钮，找到名称为"TEST_LY"的蓝牙设备，单击设备名称，在弹出的蓝牙配对请求中输入配对密码"1234"，完成连接，此时计算机中串口助手接收到" + CONNECTING << 98：da：a0：00：06：da +CONNECTED"信息，表明连接成功，如图 14 – 5 所示。

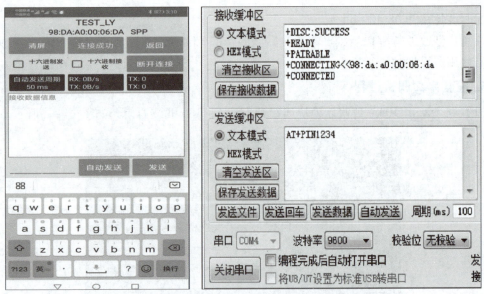

图 14 – 5 设备连接成功

（5）数据互传。在串口助手发送数据，手机端接缓冲区显示发送数据；手机端发送数据，串口助手接收缓冲区显示数据，即可实现手机和计算机之间的蓝牙通信。在实际工作中可利用单片机或其他可编程器件代替计算机进行串口通信。

5. 关键指令分析

1）串口 1 接收数据清零程序

代码如下。

```
void serial_init()
{unsigned char i;
for(i = 0;i < 50;i ++)r_f[i] = 0;//接收数组清零
r_c = 0;//接收计数器清零
}
```

2）串口 1 发送程序

代码如下。

```
void send(unsigned char d[ ],unsigned int m)//发送数组、发送个数
{unsigned int i;
for(i = 0;i < m;i ++)
{
```

```
SBUF = d[i];//发一个字节
while(! TI);//等待发送结束标志
TI = 0;//将发送结束标志清零
    }
}
```

3）串口 1 中断服务程序

代码如下。

```
void UART1_int( )interrupt 4
{
    if(RI)//接收中断标志
    {
        RI = 0;//接收中断标志清零
        r_f[r_c] = SBUF;//保存一个字节到接收数组中
        if(r_c >= 50)r_c = 0;
        else r_c ++;
    }
}
```

4）蓝牙控制程序

代码如下。

```
for(i = 0;i < 50;i ++)//检查数组 r_f 中的数据
{if((r_f[i] == 'T')&&(r_f[i - 1] == 'S'))//检测打开灯命令
{
    LED1 = 0;//打开 LED1 指示灯
    send("KAI",3);//接收正确返回
    serial_init();//接收数据清空
}
if((r_f[i] == 'P')&&(r_f[i - 1] == 'S'))//检测关闭灯命令
{   LED1 = 1;//关闭 LED1 指示灯
    send("GUAN",4);//接收正确返回
    serial_init();//接收数据清空
}
}
```

5）按键检测程序

代码如下。

```
if(KEY1 == 0)//检测按键是否被按下
{while(KEY1 == 0);//等待按键被松开
```

```
    send("KEY1",4);//发送"KEY1"命令
  }
```

6）串口 1 通信初始化

代码如下。

```
void UartInit(void)//9600bps@ 22.1184MHz
{   SCON = 0x50;//8 位数据,可变波特率
    AUXR |= 0x40;//定时器 1 时钟为 Fosc,即 1T
    AUXR & = 0xFE;//串口 1 选择定时器 1 为波特率发生器
    TMOD & = 0x0F;//设定定时器 1 为 16 位自动重装方式
    TL1 = 0xC0;//设定定时初值
    TH1 = 0xFD;//设定定时初值
    ET1 = 0;//禁止定时器 1 中断
    TR1 = 1;//启动定时器 1
  }
```

拓展任务

任务 14	汽车蓝牙控制器设计与制作			学　时	2
姓　名		学　号		班　级	
日　期					
团队成员					
任务要求	实现电动机 PWM 蓝牙控制，发送指令"DJ78Z"，电动机以 78％的占空比转动，指令范围为"DJ00Z"~"DJ99Z"，00 为电动机停止，其余数字为占空比，单片机接收到指令正确时回复"OK"字符，PWM 数值不在指令范围内时返回"ERR"字符				

一、电路设计

二、程序设计思路

任务 14	汽车蓝牙控制器设计与制作		学　时	2
姓　名		学　号	班　级	日　期

三、功能测试

四、反思

任务 15 汽车怠速控制器设计与制作

任务目标

知识目标	技能目标	素质目标
能描述步进电动机的基本组成与应用	能进行步进电动机控制程序的编制、调试、拓展应用	1. 规范操作过程，符合 6S 管理要求； 2. 具备自主学习、团队协作、认真探究的态度

任务描述

利用 PROTUES 仿真软件进行电路设计，通过 KEIL 软件进行单片机程序设计，要求通过按键对步进电动机进行控制。设计要求：按下正转按键，步进电动机正向转动；按下反转按键，步进电动机反向转动；按下加速按键，步进电动机转动加快；按下减速按键，步进电动机转动减慢；按下停止按键，步进电动机停止转动。

任务实施

1. 电路设计

汽车怠速控制器仿真电路示意如图 15 – 1 所示。

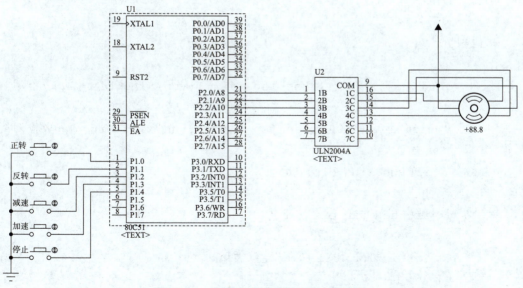

图 15 – 1　汽车怠速控制器仿真电路示意

2. 源程序

源程序代码如下。

```c
#include < reg51.h >
sbit key1 = P1^0;//定义正转按键
sbit key2 = P1^1;//定义反转按键
sbit key3 = P1^2;//定义减速按键
sbit key4 = P1^3;//定义加速按键
sbit key5 = P1^4;//定义停止按键
unsigned char speed = 50;//定义转速初始值
unsigned char zheng[ ] = {0x09,0x08,0x0c,0x04,0x06,0x02,0x03,0x01};
                                                    //正转8拍数组
unsigned char fan[ ]   = {0x01,0x03,0x02,0x06,0x04,0x0c,0x08,0x09};
                                                    //反转8拍数组
unsigned char i;//定义 i 变量
bit zhen_fan_bit = 0;//定义正反转标志
bit yun_xing_bit = 0;//定义运行标志
void delay(unsigned int x)//延时 x ms 程序
{
unsigned int i,j;
    for(i = x;i > 0;i -- )
    {for(j = 240;j > 0;j -- );
}
}
void main()
{
while(1)
{
        if(key1 == 0){zhen_fan_bit = 1;yun_xing_bit = 1;}//检测到
正转
        if(key2 == 0){zhen_fan_bit = 0;yun_xing_bit = 1;}//检测到
反转
        if(yun_xing_bit)//运行
        {
        if(zhen_fan_bit)//正转
        {
        for(i = 0;i < 8;i ++ )//连续循环8次
            {
```

```
                    P2 = zheng[i];//依次将8拍相序送入步进电动机
                    delay(speed);//转速控制
                     if(key2 ==0||key5 ==0||key3 ==0||key4 ==0)goto
next;//退出
                 }
             }
         else//反转
         {
             for(i =0;i <8;i ++)//连续循环8次
             {
                 P2 = fan[i];//依次将8拍相序送入步进电动机
                 delay(speed);//转速控制
                  if(key1 ==0||key5 ==0||key3 ==0||key4 ==0)goto
next;//退出
             }
         }
     }
     else P2 =0x00;//电动机停转
     next:
         if(key3 ==0)//检测减速按键
             {
             while(key3 ==0);//等待减速按键被松开
             if(speed <95)speed = speed + 5;//速度值加5
             }
         if(key4 ==0)//检测加速按键
             {
         while(key4 ==0);//等待加速按键被松开
             if(speed >10)speed = speed -5;//速度值减5
           }
         if(key5 ==0)//检测停止按键
         {
             yun_xing_bit =0;//停止转动
         }
     }
 }
```

3. 功能测试

（1）电路连接是否正确：   是□   否□

（2）按下正转按键，步进电动机是否正向转动： 是□　　否□

（3）按下反转按键，步进电动机是否反向转动： 是□　　否□

（4）按下减速按键，步进电动机是否速度减小： 是□　　否□

（5）按下加速按键，步进电动机是否速度增大： 是□　　否□

（6）按下停止按键，步进电动机是否停止转动： 是□　　否□

1. ULN2004A

ULN2004A 是一款高电压、高电流达林顿阵列，每个包含 7 个开集达林顿对，共发射极。ULN2004A 适用于继电器驱动器、步进和 DC 有刷电动机驱动器、灯驱动器、显示器驱动器（LED 或 GDT）、电路驱动器和逻辑缓冲器。它带有抑制二极管，用于感性负载输出可以并联，以输出更大的电流。它支持 TTL/CMOS/PMOS/DTL 兼容输入。ULN2004A 内部结构如图 15 - 2 所示。

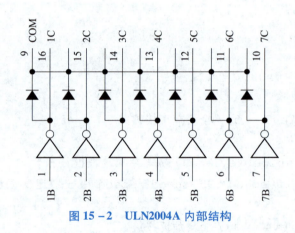

图 15 - 2　ULN2004A 内部结构

2. 步进电动机工作原理

当步进驱动器接收到一个脉冲信号时，它就驱动步进电动机按设定的方向转动一个固定的角度，控制换相顺序，即通电控制脉冲必须严格按照一定顺序分别控制各相的通断。通过控制脉冲个数即可以控制角位移量，从而达到准确定位的目的。控制步进电动机的转向，即给定工作方式为正序换相通电，步进电动机正转，若反序换相通电，则步进电动机反转。它会再转一步，两个脉冲的间隔越短，步进电动机转得越快。同时，通过控制脉冲频率来控制步进电动机转动的速度和加速度，从而达到调速的目的。

3. 四相步进电动机

四相步进电动机内部有 4 对磁极，此外还有一个公共端（COM）连接电源，另外的 A、B、C、D 是四相的接头。四相步进电动机可以向外引出 6 条接线（两条 COM 共同接入 VCC），也可以引出 5 条线，如图 15 - 3 所示，因此在购买时会看到有六线四相制和五线四相制的步进电动机。其中 A、B、C、D 四相接头需要连接到单片机 IO 端，通过一定方式改变四相接口的通电状态来控制步进电动机正反转。

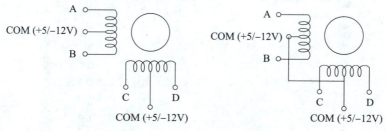

图 15 – 3　四相步进电动机结构

4. 步进电动机驱动方式

1）单 4 拍驱动方式

这是最简单的步进电动机驱动方式。在这种方式中，步进电动机在每个瞬间只有一个线圈导通，耗电少，但在切换瞬间转子上没有任何电磁作用，容易造成振动，也容易因为惯性而失步。单 4 拍驱动方式步序图如图 15 – 4 所示。

步序	A	B	C	D
1	1	0	0	0
2	0	1	0	0
3	0	0	1	0
4	0	0	0	1

正转　　　　　　　　　　　　　　　反转

图 15 – 4　单 4 拍驱动方式步序图

2）双 4 拍驱动方式

这种驱动方式输出的转矩较大且振动较小，在切换过程中至少有一个线圈通电作用于转子，故使输出的转矩较大，振动较小。这种驱动方式也比单 4 拍驱动方式平稳，不易失步。双 4 拍驱动方式步序图如图 15 –5 所示。

步序	A	B	C	D
1	1	0	0	1
2	1	1	0	0
3	0	1	1	0
4	0	0	1	1

正转　　　　　　　　　　　　　　　反转

图 15 –5　双 4 拍驱动方式步序图

3）8 拍驱动方式

8 拍驱动方式综合上述两种驱动方式，使用单 4 拍和双 4 拍交替进行的方式，每传送一个励磁信号，步进电动机前进半个步距角。其特点是分辨率高，运转更加平滑，也是最常用的一种驱动方式。8 拍驱动方式步序图如图 15 –6 所示。

5. 程序编程思路

程序流程图如图 15 –7 所示。

步序	A	B	C	D
1	1	0	0	0
2	1	1	0	0
3	0	1	0	0
4	0	1	1	0
5	0	0	1	0
6	0	0	1	1
7	0	0	0	1
8	1	0	0	1

正转（左侧箭头）　　反转（右侧箭头）

图 15 - 6　8 拍驱动方式步序图

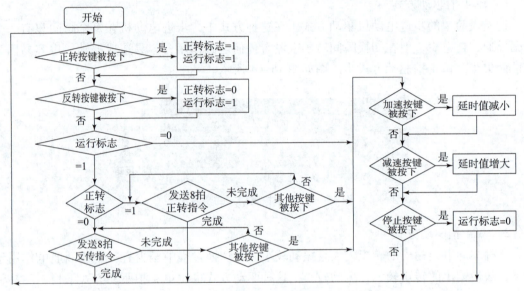

图 15 - 7　程序流程图

任务 15	汽车怠速控制器设计与制作			学　时	2
姓　名		学　号		班　级	
日　期					
团队成员					
任务要求	设计一个汽车怠速控制器，要求实现步进电动机正转、反转、加速、减速功能，用 LED 指示灯显示正转、反转标志，用数码管显示当前转动速度值。利用 PROTEUS 软件完成设计				

一、电路设计

二、程序设计思路

任务 15		汽车怠速控制器设计与制作			学　时	2
姓　名		学　号		班　级	日　期	

三、功能测试

四、反思

参 考 文 献

［1］张铮．单片机与嵌入式系统基础与实训［M］．北京：清华大学出版社，2011.

［2］林立，张俊亮．单片机原理及应用：基于 Proteus 和 Keil C［M］．北京：电子工业出版社，2014.

［3］陈海松．单片机应用技能项目化教程［M］．北京：电子工业出版社，2012.

［4］郭天祥．新概念 51 单片机 C 语言教程：入门、提高、开发、拓展全攻略［M］．北京：电子工业出版社，2009.

［5］张义和．例说 51 单片机（C 语言版）［M］．北京：人民邮电出版社，2010.

［6］杜洋．爱上单片机［M］．北京：人民邮电出版社，2011.

［7］范洪刚．51 单片机自学笔记［M］．北京：北京航空航天大学出版社，2010.

［8］迟忠君．单片机应用技术［M］．北京：人民邮电出版社，2013.

彩　　插

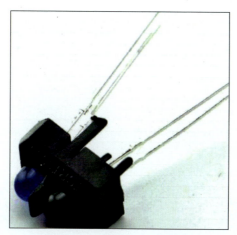

图 11 – 3　反射式光电传感器